Achim Homm

Wörterbücher sinnvoll nutzen
Erklärungen – Beispiele – Übungen

Mit neuer deutscher Rechtschreibung

MANZ VERLAG MÜNCHEN

Die Deutsche Bibliothek – CIP-Einheitsaufnahme

Homm, Achim:
Wörterbücher sinnvoll nutzen : Erklärungen – Beispiele – Übungen ;
mit neuer deutscher Rechtschreibung / Achim Homm. – München :
Manz, 1998
  (Manz-Lernhilfen)
  ISBN 3-7863-2015-2

© 1998 Verlag und Druckerei G. J. Manz AG. Alle Rechte vorbehalten.
Lektorat: Harald Kotlarz, Ammerbuch
Herstellung: Karin Schmid, Baldham
Umschlaggestaltung: Zembsch'Werkstatt, München
Titelbilder: Bavaria
Illustrationen: Stefan Lucas, München
Gesamtherstellung: Verlag und Druckerei G. J. Manz AG, München/Dillingen
Printed in Germany

ISBN 3-7863-2015-2

Einführung

Ist es nicht so?

… da fällt dir bei einer Übung zur Übersetzung die Bedeutung eines Wortes nicht ein. Du schlägst es im Wörterbuch nach, findest es endlich nach einigem Suchen – und dann sagt dir deine Lehrerin oder dein Lehrer, dass du die falsche Bedeutung „erwischt" hast.

„Sicher" kann z. B. sowohl *safe* als auch *secure* oder *certain* heißen.
1. Welche Entsprechung nimmst du?
2. Wie wird das Wort richtig ausgesprochen?
3. Kann man es trennen? Wenn ja, wie?

Das alles kannst du erfahren, wenn du die STEPS sorgfältig durcharbeitest. Vielleicht weißt du ja auch noch einiges aus dem Unterricht, dann kannst du deine Kenntnisse vertiefen und erweitern. Auf jeden Fall wirst du am Ende ohne weiteres Aufgaben lösen können, wie sie in Abschlussprüfungen am Ende der 10. Klasse gestellt werden.

Achte beim Arbeiten unbedingt auf alle Tipps und Anmerkungen, sie helfen dir immer weiter. Solltest du mit den Zusammenfassungen am Ende der STEPS nicht zurechtkommen, ist es auf jeden Fall besser, wenn du den ganzen STEP noch einmal wiederholst, sonst bleiben Lücken.

Damit du die Ergebnisse deiner Arbeit überprüfen kannst, findest du auf den Seiten 93 bis 102 die Lösungen zu den Aufgaben.

Auch außerhalb der Schule …

… ergibt sich die Notwendigkeit, im Wörterbuch nachzuschlagen, wenn es z. B. keine deutsche Betriebsanleitung gibt oder wenn du dich im Ausland verständigen möchtest und dir das passende Wort fehlt. Dann musst du es im Wörterbuch finden und natürlich auch richtig aussprechen, sonst kommt bei deinem Gegenüber vielleicht eine ganz andere Bedeutung an, als du übermitteln wolltest.

Die Übungen in diesem Büchlein lassen sich mit allen in der Schule gängigen Wörterbüchern bearbeiten. Unterschiede im Gebrauch von Abkürzungen oder Symbolen sind leicht anzugleichen und dürften bei den Übungen keine Probleme bereiten.

Diese Lernhilfe spricht den völligen Anfänger an und auch Schülerinnen und Schüler höherer Klassen der Sekundarstufe I aller Schularten. Sie führt zu Kenntnissen und Fertigkeiten, die bei einem mittleren Bildungsabschluss gefordert werden.

Inhaltsverzeichnis

STEP 1　Aufbau von Wörterbüchern　5

STEP 2　Zeichen, Symbole, Abkürzungen　17

STEP 3　Lautschrift　36

STEP 4　Übungsaufgaben zur
　　　　Prüfungsvorbereitung (Klasse 10)　50

Lösungen zu den Aufgaben　93

Aufbau von Wörterbüchern

Wenn du mit deinem Wörterbuch sicher arbeiten willst, musst du alle Buchstaben des Alphabets in ihrer richtigen Reihenfolge beherrschen.

Was fällt dir übrigens auf, wenn du das deutsche mit dem englischen Alphabet vergleichst?

Richtig! Das Englische kennt kein *ß*, kein *ä*, kein *ö* und kein *ü*.

Bearbeite nun die folgenden Aufgaben – mache dabei ruhig 'mal eine Pause, danach geht es wieder leichter.
Noch ein Tipp: Arbeite zunächst mit Bleistift, überprüfe dann deine Ergebnisse mit den Lösungen auf Seite 93 und korrigiere, was nicht richtig ist.

1

In der folgenden Tabelle sind die Buchstaben des Alphabets in der ersten Zeile durcheinandergekommen. Schreibe in die zweite Zeile das Alphabet in der richtigen Reihenfolge.

2

Nun möchtest du die englische Bedeutung des deutschen Wortes *Birne* (Frucht) wissen: Wo schlägst du das Wörterbuch auf? Richtig! Du beginnst deine Suche bei *B*, dem ersten Buchstaben des gesuchten Begriffs.

Folgende deutsche Wörter sollen jetzt nach ihrem ersten Buchstaben geordnet werden:

Raum • Tee • Uhr • Wind • links • Guthaben •
spielend • Zustand • Arm • Kopf

Weil im Alphabet a → g → k → l → r → s → t → u → w → z stehen, heißt die richtige Reihenfolge:

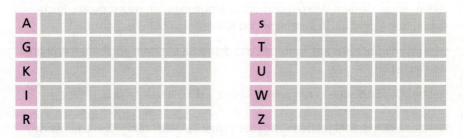

Du hast bemerkt, dass es keine Rolle spielt, ob ein Wort groß- oder kleingeschrieben wird, die Reihenfolge richtet sich immer nach dem Alphabet.

Nun möchtest du die deutsche Bedeutung des englischen Wortes *tape* wissen: Wo schlägst du das Wörterbuch auf? Richtig! Du beginnst deine Suche bei *t*, dem ersten Buchstaben des gesuchten Begriffs.

1. Folgende englische Wörter sollen jetzt nach ihrem ersten Buchstaben geordnet werden:

   quickly • head • eye • armchair • mouse • ship • uncle • father • pen • zoo

   Weil im Alphabet a → e → f → h → m → p → q → s → u → z stehen, heißt die richtige Reihenfolge:

2. Schreibe die folgenden englischen Wörter in der richtigen alphabetischen Reihenfolge:

   water • island • voice • use • group • young • knife • house • room • sugar • present • music • quickly • cold • joke

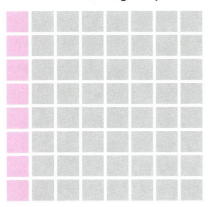

Markiere alle Anfangsbuchstaben mit einem Farbstift.

Es gibt viele Wörter, die mit dem gleichen Buchstaben anfangen. Im Wörterbuch richtet sich die Reihenfolge dieser Wörter dann nicht nur nach dem Anfangsbuchstaben, sondern nach den zweiten, dritten, vierten Buchstaben usw.

Unterstreiche jetzt einmal den 2. Buchstaben in jedem dieser Wörter:

food – feed – fresh
face – funny – find – flower

Nach diesem 2. Buchstaben richtet sich nämlich die Reihenfolge, nach der diese Wörter aufgelistet werden. Auch diese Reihenfolge ist alphabetisch geordnet. Du siehst hier einige Kästchen, in die bereits Buchstaben in alphabetischer Reihenfolge eingetragen sind. Schreibe dann die oben stehenden Wörter in die passenden Kästchen hinein. Als Beispiel ist das Wort *face* schon eingetragen.

f	a	c	e		
	b				
	c				
	d				
	e				
	f				
	g				
	h				
	i				
	j				
	k				
	l				
	m				

	n				
	o				
	p				
	q				
	r				
	s				
	t				
	u				
	v				
	w				
	x				
	y				
	z				

5

Versuche nun die folgenden Wörter zu ordnen und achte dabei, wie bei der vorigen Aufgabe auch, auf den zweiten Buchstaben:

ripe • rabbit • rubber • ready • roof

1	r				
2	r				
3	r				
4	r				
5	r				

6

Auch die nächsten 8 Wörter sollen nach dem zweiten Buchstaben geordnet werden:

answer • attack • agree • aunt • assistant • advert • away • army

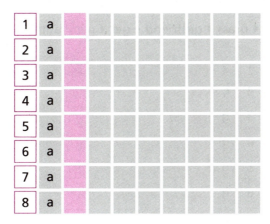

7

Auch bei dieser Aufgabe ist nicht nur der Anfangsbuchstabe wichtig.

Versuche nun, auch die folgenden Wörter alphabetisch zu ordnen:

much • mean • many • myself • monkey • milk

1	m
2	m
3	m
4	m
5	m
6	m

8

Jetzt bringe die folgenden Wörter in die richtige Reihenfolge:

ghost • glass • grass • girlfriend • get • gymnasium • gold • guitar

1	g
2	g
3	g
4	g
5	g
6	g
7	g
8	g

9

Es gibt aber auch noch Wörter, bei denen die ersten zwei Buchstaben gleich sind. Dann musst du auf den dritten Buchstaben achten, denn nach ihm richtet sich nun die Reihenfolge.

Ordne die folgenden Wörter:

moon • most • model • mother • moment • mouth • morning • money • move

1	m	o				
2	m	o				
3	m	o				
4	m	o				
5	m	o				

6	m	o				
7	m	o				
8	m	o				
9	m	o				

10

Versuche dasselbe mit den folgenden Wörtern:

way • want • wash • wave • waiter • wax • water • warm

1	w	a				
2	w	a				
3	w	a				
4	w	a				

5	w	a				
6	w	a				
7	w	a				
8	w	a				

Jetzt geht's in die letzte Runde …

11

In welcher Reihenfolge ordnest du diese Wörter?

sell • settle • separate • seem • secretary • several • serious • sea

1	s	e						
2	s	e						
3	s	e						
4	s	e						
5	s	e						
6	s	e						
7	s	e						
8	s	e						

12

Du kannst jetzt die Wörter schon nach den ersten zwei Buchstaben sehr gut einordnen und auch finden. Es gibt aber auch noch andere Wörter, bei denen die ersten drei oder mehr Buchstaben gleich sind.

Deshalb sind hier noch ein paar von diesen Wörtern, die du ordnen sollst:

chair • chain • Channel • chalk • change • chance

1							
2							
3							
4							
5							
6							

13

Bis jetzt war alles sehr leicht. Doch nun wird es etwas schwieriger. Denn bei den folgenden Wörtern, die du ordnen sollst, musst du dich einmal nach dem zweiten, mal nach dem vierten, mal nach dem dritten usw. Buchstaben richten.

impossible • impatient • immigrant • imagine • important • impression • improve • impolite

14

Ordne wie in der vorhergehenden Aufgabe:

people • pence • person • perhaps • penny • period • penguine • petrol • permission • perfect

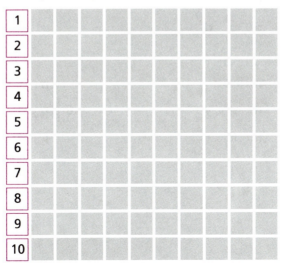

Zum Abschluss dieses ersten Teils ein paar Aufgaben, die du mit dem Wörterbuch lösen musst.

Die Wörter stehen schon in der richtigen alphabetischen Reihenfolge. Doch in jeder Wortgruppe gibt es ein Wort, in dem ein Buchstabe fehlt. Wie heißt das komplette Wort?

Beispiel:

d	i	c	t	i	o	n	a	r	y
d		d							
d	i	e							

Lösung: hier fehlt ein *i*, das komplette Wort heißt *did*; schlage im Wörterbuch nach und vergleiche es mit diesem Beispiel.

Löse nun die folgenden Aufgaben in derselben Art:

1
h	o	p	e			
h	o		s	e		
h	o	s	p	i	t	a	l

2
s	a	i	d
s	a		l
s	a	l	e

3
s	t	o	n	e
s	t	o	n	
s	t	o	o	d

4
b	o	m	b
b	o		e
b	o	o	k

5
s	u	n		
s	u	n		y
s	u	p	e	r

6
p	e	a		
p	e	a		e
p	e	a	n	u	t

Manchmal ist es schwierig, im deutschen Teil des Wörterbuchs Wörter mit den Umlauten *ä, ö, ü* zu finden, weil viele meinen, *ä* sei *ae, ö* sei *oe* und *ü* sei *ue* zugeordnet.

So steht *ändern* nach *andere* und vor *anders*:

a	n	d	e	r	e
ä	n	d	e	r	n
a	n	d	e	r	s

Läufer steht zwischen *laufen* und *Lauge*:

l	a	u	f	e	n
L	ä	u	f	e	r
L	a	u	g	e	

öffnen folgt nach *Offizier* und steht vor *oft*:

O	f	f	i	z	i	e	r
ö	f	f	n	e	n		
o	f	t					

Ordne nun genauso:

aushöhlen • Aushilfe • ausgewählt • ausgerechnet • ausfüllen • Ausgang • ausdrucken • ausdrücken

Weißt du es noch?

Beantworte bitte folgende Fragen:

Frage: 1. Wie sind die Wörter in einem Wörterbuch geordnet?
Antwort: In einem Wörterbuch sind die Wörter nach ihren

a) _____ geordnet.

Frage: 2. Wenn die Wörter zwei oder mehr gleiche Anfangsbuchstaben haben, wie werden sie dann geordnet?
Antwort: Ihre Reihenfolge im Wörterbuch richtet sich dann nicht nur nach dem ersten, sondern auch nach den

a) _____.

Frage: 3. Wonach richtet sich bei diesen Wörtern die Reihenfolge: interact • interest • intermission • interstate • interview?
Antwort: Sie haben alle die gleichen

a) _____

Natürlich stehen auch sie in alphabetischer Reihenfolge.
Die alphabetische Reihenfolge richtet sich hier nach den

b) _____

1. In jedem Wörterbuch sind die Begriffe nach dem Alphabet geordnet.
2. Wenn du ein Wort suchst, musst du zunächst nach dem Anfangsbuchstaben schauen, dann nach dem zweiten, dritten usw., weil oft andere Wörter mit denselben Buchstaben beginnen.
3. Die Umlaute *ä*, *ö* und *ü* findest du nach dem zugehörigen Vokal *a*, *o*, *u*. Sie werden nicht bei *ae*, *oe*, *ue* eingeordnet.

… und wenn du …
jetzt wissen willst, ob du alles richtig gemacht hast, schaue auf Seite 94 nach, dort findest du die Lösungen.

Zeichen, Symbole, Abkürzungen

So, nun weißt du, wie die Wörter in einem Wörterbuch geordnet sind, und du kannst sie ganz leicht finden.

In diesem Teil wirst du lernen, was die verschiedenen Zeichen, Symbole und Abkürzungen im Wörterbuch bedeuten und wie man sie verwendet.

Dabei gibt es ein kleines Problem, das du aber leicht lösen kannst: Zeichen, Symbole, Abkürzungen, usw. können von Wörterbuch zu Wörterbuch verschieden sein. Das bedeutet für dich, dass du immer zuerst die *Erläuterungen* liest, die am Anfang deines Wörterbuchs stehen. Sie heißen z. B. *Inhalt und Aufbau* oder *Hinweise* oder *Umgang mit dem Wörterbuch* oder *Erläuterungen*.

Du findest dort die verwendeten Abkürzungen, Symbole, Zeichen, Hinweise zur Aussprache (Lautschrift), oft auch einen recht interessanten *Anhang* (mit Ländernamen, Eigennamen, unregelmäßigen Verben, evtl. eine Kurzgrammatik, Maße und Gewichte, Zahlen, Abkürzungen usw.)

Beispiel

Jetzt schlage zuerst einmal das Stichwort *harvest* auf.
Darunter findest du in einer Zeile das Zeichen „~". Dieses Zeichen heißt *Tilde*.
Es ersetzt das vorhergehende fett gedruckte Stichwort, das, um Platz zu sparen, nicht immer wieder ausgedruckt wird.

bad ~ bedeutet hier also *bad harvest* (Missernte),
~ festival bedeutet *harvest festival* (Erntedankfest).

17

Vervollständige nun wie bei *harvest* folgende Ausdrücke.
Schreibe dabei den vollständigen englischen Ausdruck und seine deutsche Bedeutung auf, zum Beispiel a) *post no bills* – Plakate ankleben verboten.

	Stichwort	Ausdruck	ausgeschrieben	deutsche Bedeutung
a)	post	~ no bills	post no bills	Plakate ankleben verboten
		~ up	post up	(Plakat) aufhängen
b)	fail	I ~ed		
c)	know	come to ~ ~ how to do s.th.		
d)	brush	give s.b. a ~ give s.th. a ~		
e)	competition	~ spirit unfair ~		
f)	how	and ~ ~ are you?		

Stichwort	Ausdruck	ausgeschrieben	deutsche Bedeutung
g) wind	~-pipe ~fall		
h) side	be on the ~s ~ by ~		
i) tell	who can ~?		
j) tape	adhesive ~ ~ up		

Beispiel

Schlage also einmal *high* im Wörterbuch auf und sieh dir die zugehörige Spalte an. Hier findest du sehr viele verschiedene Wörter, die alle mit *high* beginnen, z. B.

highball, high beam, high-fidelity, highlight, high society,
high street, high summer usw.

Du siehst, wie viele Wörter es sind. Auch hier gilt wieder die alphabetische Reihenfolge innerhalb des Abschnitts, sodass du genau weißt, wenn du das Wort *highway* suchst, wo du es finden wirst – nämlich am Ende des Abschnitts, weil *w* der viertletzte Buchstabe des Alphabets ist. Das spart dir Zeit; denn du musst nicht den ganzen Absatz durchlesen.

Beachte: Unter dem Stichwort *high* findest du auch *highwater*, daran anschließend *come hell or ~*; oder *~way*, daran anschließend *~ code*. Die Tilde steht hier für das letzte fettgedruckte *highwater* oder *highway*, nicht für *high*. Der Ausdruck heißt dann vollständig *come hell or highwater* bzw. *highway code*.

18

Schlage nun folgende Stichwörter nach und schreibe jeweils bis zu drei zusammengesetzte Wörter auf. Bei Nummer 1 bis 3 wählst du die ersten drei, bei den Aufgaben 4 bis 6 die letzten drei, von hinten beginnend.

Beispiel für die ersten drei:
„quarter": a) quarter-**d**ay
　　　　　b) quarter-**d**eck
　　　　　c) quarter-**f**inal

Beispiel für die letzten drei:
„quarter": a) quarter-**t**one
　　　　　b) quarter-**m**aster
　　　　　c) quarter**ly**

		a	b	c
1	head			
2	snow			
3	house			
4	eye			
5	hope			
6	quick			

Wie wär's mit 'ner kleinen Pause zwischendurch?

19

Nun hast du schon eine ganze Menge gelernt. Sicher kannst du deswegen eines der folgenden Kreuzworträtsel lösen, vielleicht schaffst du sogar beide!

 Selbst wenn das eine oder andere Stichwort in deinem Wörterbuch nicht vorkommt – mit Hilfe der Zahl der leeren Kästchen kannst du es am Suchbegriff abzählen.

waagrecht

1. Unter welchem Stichwort findest du *creamery*?
2. Unter welchem Stichwort steht *rate of exchange*?
3. Das Wort steht bei *blink* und heißt „Scheuklappen".

senkrecht

1. Unter welchem Stichwort findest du *cat litter*?
2. Das Stichwort, unter dem du *revolting* findest.
3. Unter welchem Stichwort findest du *abolition*?

waagrecht

4. Das nach *who'll* folgende Stichwort.
5. Das Stichwort zu *orbital*.
6. Welches Stichwort steht zwischen *ledger* und *leech*?
7. Zu welchem Stichwort gehört *task-force*?
8. Unter welchem Stichwort findest du *feel like a fish out of water*?
9. Du findest dieses Wort zwischen *Yank* und *yard*.
10. Es ist das Stichwort vor *eerie*.
11. Das Wort steht zwischen *third* und *thirteen*.

senkrecht

4. Das Wort findest du bei *India*, es heißt „indisch".
5. Das dritte Stichwort unter *news*.
6. Das vorletzte Wort unter dem Stichwort *girl*.
7. Es steht beim Stichwort *lead* und heißt „bleiern".
8. Du findest das Wort zwischen *lessen* und *lesson*.
9. Dieses Wort folgt auf *kiln*.

Die Buchstaben der schraffierten Kästchen ergeben in der richtigen Reihenfolge das englische Wort für etwas, was du nicht oft genug benutzen kannst, wenn du eine Sprache lernst. Schreibe dieses Wort in dein Heft.

gefundene Buchstaben:

richtige Reihenfolge (= Lösungswort)

20

 Für dieses Kreuzworträtsel brauchst du auch die „Liste der Abkürzungen" in deinem Wörterbuch.

waagrecht

1. Wie heißt das auf *care* folgende Stichwort?
2. Das Wort steht zwischen *toxin* und *trace*.
3. Bei *horse* findest du „Pferdestärke".
4. Das zu *origin* gehörende Adjektiv.

senkrecht

1. Es heißt auch „Praline" und steht vor *choice*.
2. Dieses Wort gehört zu *toast*.
3. Welches Wort steht zwischen *owing* und *own*?
4. Dieses Wort steht zwischen *yes* und *yet*.

waagrecht

5. Die Abkürzung für *Salvation Army*.
6. Welches Stichwort folgt auf *central*?
7. „... *of teeth*" schau bei „Gebiss".
8. *greeting* gehört zum Stichwort...?
9. Zwischen *weave* und *wed* steht das englische Wort für „Netz".
10. „(Gott) der Herr" heißt auf Englisch?
11. „lieb, teuer" – die englische Bedeutung steht zwischen *dealer* und *death*.
12. „nein" auf Englisch.
13. Unter diesem Stichwort findest du *tea break*.
14. *Nebraska* wird so abgekürzt.
15. Das Stichwort zu *headphones*.
16. Unter welchem Stichwort findest du *he made both ends meet*?
17. das zu *doorstep* gehörende Stichwort.
18. Die Abkürzung für *Compact Disc*.
19. Beim Stichwort „Übung" findest du das englische Wort für „körperliche Bewegung".

senkrecht

5. Bei *draw* findest du das Wort für „Zugbrücke".
6. Ein amerikanischer Bundesstaat, er wird mit *OR* abgekürzt.
7. Suche bei *ring*, dort findest du das englische Wort für „Umgehungsstraße".
8. Ein Land, das mit *Ir.* abgekürzt wird.
9. Das Wort steht zwischen *wave* und *wax*, es bedeutet „flackern".
10. *dust storm* gehört zum Stichwort ...
11. Dasselbe Stichwort wie bei 16-waagrecht.
12. Das Wort findest du unter dem Stichwort „oder".

Die Buchstaben der schraffierten Kästchen ergeben in der richtigen Reihenfolge das englische Wort für das Zeichen im Wörterbuch, welches immer das vorhergehende Stichwort ersetzt, um Platz zu sparen.

gefundene Buchstaben:

richtige Reihenfolge (= Lösungswort)

Weißt du es noch?

Schreibe in die Lücken, was du noch weißt. Die Zahlen in den Klammern geben die Nummern der Lösungen von Seite 95 an. Sieh dort aber erst nach, wenn du fertig bist.

- Du weißt doch noch, wie dieses Zeichen heißt: „~"?

  Es ist die _____ (1).

- Warum steht sie im Wörterbuch?

  Sie wird verwendet, um _____ (2).

- Und was ersetzt sie?

  Sie ersetzt das _____ (3), das nicht immer

  ausgedruckt wird, um Platz zu sparen.

- Auf welches der Stichwörter bezieht sie sich?

  Sie bezieht sich immer auf das _____ (4) Stichwort.

Jetzt schlage *irgendeine Seite* in deinem Wörterbuch auf und sieh sie dir genau an. Die *Tilde* kennst du nun schon. Weißt du auch, was in den *eckigen Klammern* hinter den Stichwörtern steht? Richtig, es ist die *Lautschrift*. Du wirst *in Teil 3* noch ein paar Übungen dazu finden.

Beim Betrachten der Seite fallen dir sicher noch *andere Zeichen* auf, mit denen du noch nicht viel anfangen kannst. Diese Zeichen sind *Abkürzungen*. Auch sie werden gebraucht, um Platz zu sparen.

21

Nun schlage die Seiten auf, wo du eine Liste findest, in der alle Abkürzungen aus dem Wörterbuch erklärt werden!
Einmal gibt es da Abkürzungen, die etwas über die Wortart aussagen. Schreibe in der folgenden Liste bitte auf, was die Abkürzungen bedeuten.
Versuche es ruhig erst einmal ohne Hilfe deines Wörterbuchs.
Vielleicht findest du es auch mit Hilfe der danebenstehenden Beispiele heraus.
Sonst benutze aber die Liste in deinem Wörterbuch.

Abkürzung	bedeutet	Beispiel
adj	Adjektiv	large
conj oder **cj**	1	because, and
inf	2	to go
s	3	house
pl	4	houses, feet
pp	5	written (von: to write)
prep oder **prp**	6	on, under
v	7	run, play

Beispiel

Schlage jetzt das Wort *run* auf. Gleich dahinter findest du den Zusatz *irr* [oft in einer Klammer].

[irr] ist die Abkürzung für irregular (= unregelmäßig). Wenn du diesen
oder Zusatz hinter einem Wort findest, dann weißt du, dass es ein
irr unregelmäßiges Verb ist.
Eine Liste aller unregelmäßigen Verben mit dem Infinitiv (erste Form), dem *past tense* (zweite Form) und dem *past participle* (dritte Form) findest du ebenfalls in deinem Wörterbuch, manchmal in der Mitte, manchmal auch am Ende.
Sie enthält oft mehr Verben als die Liste, die du aus dem Englischbuch kennst.

Ergänze die folgende Liste mit der fehlenden ersten, zweiten oder dritten Form. Eine davon ist immer vorgegeben.

Infinitive	Past Tense	Past Participle
get	got	got
know	1	2
3	was	4
5	6	had
7	met	8
flee	9	10
11	12	swum
13	thought	14
spend	15	16
sweep	17	18
19	20	won
21	left	22
become	23	24
25	cut	26
27	28	blown

Es gibt nun auch Abkürzungen, die ein Wort näher erklären. Diese Abkürzungen sagen dir, in welchem Zusammenhang ein Wort verwendet werden kann. Es gibt z. B. die Abkürzung *biol = Biologie*. Wenn diese Abkürzung hinter einem Wort steht, ist es ein Begriff aus der Biologie.

23

Schreibe nun in die Tabelle, was die folgenden Abkürzungen bedeuten.
Du kannst wieder die Liste in deinem Wörterbuch benutzen. Die Abkürzungen können in den Wörterbüchern verschieden sein, deswegen findest du teilweise zwei Abkürzungen, welche dieselbe Bedeutung haben.

	Abkürzung	bedeutet		Abkürzung	bedeutet
1	geog oder geogr.	Geographie	17	od oder od.	
2	jdm oder j-m		18	hist oder hist.	
3	mot oder mot.		19	med*)	
4	etw oder et.		20	n	
5	theat oder thea.		21	pol oder pol.	
6	vet oder vet.		22	refl. oder reflex	
7	a.		23	sing oder sg	
8	s-r		24	fam*)	
9	s		25	com*)	
10	s. oder s		26	ppr oder presp	
11	s.o.		27	prov	
12	adv		28	fig oder fig.	
13	f		29	zoo oder zo.	
14	m		30	astr oder ast.	
15	s.th.		31	sport	
16	etc oder etc.		32	Br oder Br.	

*) = In manchen Wörterbüchern findest du statt „med" und anderen Abkürzungen ein bildliches Zeichen (Symbol), z. B. ✈ = Luftfahrt, ☉ = Technik, F = familiär, Umgangssprache.
Um die Bedeutung zu erfahren, musst du die Liste der Symbole aufschlagen.

Beispiel

Mit Abkürzungen die richtige Bedeutung eines Wortes finden.

Schau dir nun ein paar Stichwörter an, welche du erst durch die Abkürzungen richtig verstehst.

1. Beim Stichwort „Rausch" findest du *fig* ecstasy
   fig bedeutet, dass das Wort *ecstasy* im übertragenen Sinn gebraucht wird. Damit ist also nicht der Rausch gemeint, den man von zu viel Alkoholgenuss bekommt, sondern die „Verzückung" oder „Begeisterung".

2. Schlage nach, was *stage* auf Deutsch heißt. Was bedeutet die Abkürzung *theat* vor dem deutschen Wort „Bühne"?
   theat ist der Hinweis, dass die Bühne im Theater gemeint ist.

3. Bei *paper* kannst du *pl* finden.
   pl bedeutet, dass *paper* in der Mehrzahl (*papers*) „Akten, Papiere" heißt.

4. Stichwort *black*: was bedeutet die Abkürzung *adj* vor dem deutschen Wort „schwarz"?
   adj sagt dir, dass es sich hier um das Adjektiv handelt.

5. Schlage das deutsche Wort „erinnern" auf. Was heißt: ***jdn an etw***? Richtig, es heißt „jemanden an etwas erinnern" (nicht sich selbst erinnern).

6. Welches Wort wählst du, wenn du sagen möchtest, dass du (vom Sternbild) „Fisch" bist? *Fish* oder *Pisces*? ***astr.*** (Astrologie) gibt dir den Hinweis, dass *Pisces* das richtige Wort ist.

7. Ein Sportflieger möchte sich einen neuen Drachen kaufen, der bessere Flugeigenschaften hat als sein alter. Welches ist in diesem Sinnzusammenhang das richtige Wort für „Drachen":
   dragon, hang-glider oder *kite*? ***sport*** ist der wichtige Hinweis auf *hang-glider*.

24

Jetzt wollen wir alles noch einmal üben. Du weißt nun schon gut Bescheid und kannst die fehlenden Wörter leicht in die Lücken schreiben.
Die Zahlen in Klammer geben die Nummern bei den Lösungen an.
Sieh aber dort erst nach, wenn du alles fertig hast! Also:

Wenn du ein Wort im Wörterbuch suchst, dann ist dieses Wort das

St_____ (1).

Hinter dem Stichwort steht meist in einer eckigen Klammer die

L_____ (2).

Außerdem gibt es **A**_____ (3), die dir sagen, um welche

Wortart es sich handelt.

Sie und andere Abkürzungen sagen dir, in welchem

Z_____ (4) du das Wort verwenden musst.

Im Wörterbuch gibt es **T**_____ (5) der Abkürzungen und

Symbole. Dort kannst du nachsehen, wenn du nicht weißt, was sie bedeuten.

Wenn hinter einem Wort die Abkürzung **[irr] oder irr.** steht, dann ist es ein

_____ (6). Das *past tense* und das

past participle dazu findest du in einer Liste.

Welche anderen Tabellen findest du noch in deinem Wörterbuch? Beachte

dabei auch den Anhang. _____

_____

_____ (7)

25

Ein weiteres, sehr oft vorkommendes Zeichen ist das nach rechts zeigende Dreieck „▶" oder die Raute „◆". Sie kennzeichnen Redewendungen und Anwendungsbeispiele.

Bei *bacon* findest du etwa: ▶*save one's ~ fam* – mit heiler Haut davonkommen.

(Beachte: In manchen Wörterbüchern wird auf diese Zeichen verzichtet, die Redewendungen bzw. Anwendungsbeispiele stehen dann einfach so da.)

In der folgenden Übung sollst du nun zeigen, ob du auch schwierigere Ausdrücke sicher und schnell findest. Damit es einfacher wird, ist schon angegeben, bei welchem Stichwort du nachschlagen musst.

	Was heißt auf Englisch ...?	Schlage nach bei ...	Es heißt ...
1	todsicher, garantiert	fate	*as sure as fate*
2	auswendig	memory	
3	wie ein rotes Tuch wirken	Tuch	
4	er ist ein komischer Typ	Typ	
5	meines Wissens	Wissen	
6	ganz Ohr sein	ear	
7	aus freien Stücken	free will	
8	hinter Schloss und Riegel	lock	
9	dann und wann	dann	
10	einen Film drehen	Film	

11	jdm e-n Korb geben	Korb	
12	weitblickend	sighted	
13	Baugenehmigung	permit	
14	aus Leibeskräften	Leibeskräfte	
15	lebhafter Handel	lebhaft	
16	ununterbrochen	break	

26

Wenn du das Wort *jam* aufschlägst, bemerkst du, dass es zweimal aufgelistet ist: jam^1 und (weiter unten) jam^2. Mit hochgestellten arabischen Ziffern werden *Homonyme* unterschieden, das sind Wörter, die gleich geschrieben und gesprochen werden, aber verschiedene Bedeutung haben.

Suche folgende Stichwörter und schreibe nur deren erste Bedeutung auf.

1	bill^1	*Schnabel*	7	firm^1	
2	bill^2		8	firm^2	
3	case^1		9	flag^1	
4	case^2		10	flag^2	
5	die^1		11	flag^3	
6	die^2		12	Gericht^1	

13	Gericht²		18	dock³	
14	Riemen¹		19	Rolle¹	
15	Riemen²		20	Rolle²	
16	dock¹		21	ein¹	
17	dock²		22	ein²	

27

Römische Ziffern (I, II, III, IV, V, VI usw.) unterscheiden die verschiedenen Wortarten eines Stichworts, z. B. ist
murder **I** s = Substantiv (Hauptwort) und
murder **II** tr = transitives Verb

Du weißt ja schon, dass du z. B. *s* oder *tr* in der Liste der Abkürzungen findest. Suche nun die folgenden Stichwörter und schreibe auf, welche Wortart sie sein können:

1	part	*Substantiv, Verb, Adjektiv, Adverb*
2	prick	
3	head	
4	beat	
5	bloß	
6	rund	

Du weißt, dass ein Wort mehrere verschiedene Bedeutungen haben kann. Um diese zu unterscheiden, werden sie mit arabischen Ziffern gekennzeichnet, z. B. brace I s = 1. Klammer, 2. Strebe, 3. Bohrer, 4. Spange, 5. Hosenträger

Liste nun sämtliche Bedeutungen für folgende Wörter auf (gibt es mehrere nach einer arabischen Ziffer, reicht jeweils das erste Wort):

1 break, I / III s
   1. 2. 3.
   4. 5. 6.

2 coated
   1. 2. 3.
   4.

3 cold, I adj
   1. 2. 3.
   4. 5.

4 cold, III / II s
   1. 2.

5 do, I
   1.   2.   3.
   4.   5.   6.
   7.   8.   9.
   10. 11. 12.
   13. 14. 15.

Weißt du es noch?

Schreibe in die Lücken, was du noch weißt. Die Zahlen in den Klammern geben die Nummern der Lösungen von Seite 96 an. Sieh dort aber erst nach, wenn du fertig bist.

Oft weißt du nicht, wie ein Stichwort in einem Satz richtig gebraucht wird. In diesen Fällen können dir die Zeichen (1) _____ helfen, denn sie geben dir Beispiele zur Anwendung des Stichworts. Diese musst du manchmal nur ein wenig verändern, um dich treffend auszudrücken. Gelegentlich findet man auch ein Stichwort, dessen Bedeutung nicht in den vorliegenden Textzusammenhang zu passen scheint. Das liegt daran, dass manche Stichwörter völlig gleich (2) _____ und

(3) _____ werden. Sie heißen deswegen

(4) _____ und werden mit

(5) _____ arabischen Ziffern unterschieden.

Deswegen musst du die passende Bedeutung eines Wortes immer erst suchen, nicht gleich die erste nehmen.

Eine Hilfe zur Unterscheidung der Wortarten sind die

(6) _____ Zahlen.

Die (7) _____ Zahlen dagegen unterscheiden alle

verschiedenen (8) _____, welche das englische

Wort im Deutschen haben kann.

Lautschrift

Nach den ersten beiden Kapiteln kannst du nun auch schwierige Wörter schnell finden, du kennst Abkürzungen und Zeichen und findest die entsprechenden Listen in deinem Wörterbuch.

Die jetzt folgenden beiden Abschnitte helfen dir, Wörter richtig zu *trennen*, und machen dich mit der *Lautschrift* vertraut.

29

Du möchtest ein Wort trennen und weißt nicht wo? Ist *man-ager* richtig oder *ma-nager*?
Sicher ist dir schon aufgefallen, dass im Wörterbuch zwischen den Buchstaben Punkte erscheinen. Diese zeigen dir, wo ein Wort getrennt werden kann. *man·ager* heißt also, dass *man-ager* richtig getrennt ist, *ma-nager* ist falsch.

Suche jetzt in deinem Wörterbuch alle Trennmöglichkeiten der folgenden Wörter und schreibe sie in die Liste. Ein Beispiel ist schon eingetragen.

1	unsuccessful	un-suc-cess-ful
2	disqualification	
3	voyage	
4	heartbreaking	
5	irreparable	
6	Wednesday	
7	hammer	
8	happiness	
9	unteachable	
10	driving	

Stelle fest, ob die vorgeschlagenen Trennungen richtig sind; wenn nicht, korrigiere sie.

Stichwort	richtig oder falsch?	wenn falsch: **so richtig** getrennt	alle Trenn-mög-lich-kei-ten
1 traditiona-list	*falsch*	*tradition-alist oder traditional-ist*	*tra-di-tion-al-ist*
2 interantio-nal			
3 prin-cipal			
4 villa-ge			
5 immobi-lity			
6 inte-rest			
7 pow-erful			
8 terro-rist			

 Es lohnt sich nachzuschlagen, wenn man korrekt trennen will!

Die Lautschrift

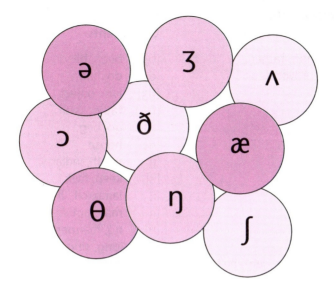

Auf Seite 25 in STEP 2 hast du schon einen Hinweis darauf gefunden, dass direkt hinter den fettgedruckten Stichwörtern in eckigen Klammern (in manchen Wörterbüchern auch zwischen zwei Schrägstrichen) dessen Lautschrift angegeben ist. Sie gibt an, wie ein Wort ausgesprochen wird, wobei jedes der Zeichen einen Laut darstellt.

Wenn hinter einem Vokal zwei Punkte stehen, z. B. [aː], dann wird dieser Vokal lang gesprochen.

Vor manchen Silben findest du noch die Zeichen ['] und [‚]. Sie betonen immer die darauffolgende Silbe, z. B. apple ['æpl], wobei ['] den Hauptton bezeichnet (= stark betont), [‚] den Nebenton (= schwächer betont), z. B. evermore [‚evə'mɔː(r)]. Das eingeklammerte r bedeutet, dass es ausgesprochen werden kann (oft im amerikanischen Englisch).

Liste der Lautschriftzeichen
(aus: PONS – Globalwörterbuch)

Vokale und Diphthonge
Vowels and Diphthongs

[ɑ]	plant, arm, father
[ã:]	agent provocateur
[aɪ:]	life
[aʊ]	house
[æ]	man, sad
[ʌ]	but, son
[e]	get, bed
[eɪ]	name, lame
[ə]	ago, better
[ɜ:]	bird, her
[ɛə]	there, care
[ɪ]	it, wish
[i:]	bee, see, me, beat, belief
[iə]	here
[əʊ]	no, low
[ɒ]	not, long
[ɔ:]	law, all
[ɔ̃:]	restaurant
[ɔɪ]	boy, oil
[ʊ]	push, look
[u:]	you, do
[ʊə]	poor, sure

Konsonanten
Consonants

[b]	been, blind
[d]	do, had
[dʒ]	jam, object
[f]	father, wolf
[g]	go, beg
[h]	house
[j]	youth, Indian
[k]	keep, milk
[l]	lamp, oil, ill
[m]	man, am
[n]	no, manner
[ŋ]	long, sing
[p]	paper, happy
[r]	red, dry
[s]	stand, sand, yes
[ʃ]	ship, station
[t]	tell, fat
[θ]	thank, death
[ð]	this, father
[tʃ]	church, catch
[v]	voice, live
[w]	water, we, which
[x]	loch
[z]	zeal, these, gaze
[ʒ]	pleasure

In einer solchen Liste findest du in deinem Wörterbuch alle Lautschriftzeichen und Wortbeispiele, in denen die Laute vorkommen.

Auch hier kann es zwischen den Wörterbüchern geringe Abweichungen geben. Haltet euch einfach an die Fassung eures eingeführten Wörterbuchs.

Übe mit dieser Liste zuerst einmal alle Laute – sprich sie laut vor dich hin –, bevor du dich an die Aufgaben auf der nächsten Seite machst.

Die folgenden Wörter enthalten farbige Buchstaben. Schreibe – wie das erste Wort zeigt – nur den zugehörigen Laut in eine eckige Klammer.

Beachte: Bei manchen Wörtern musst du zwei Laute schreiben.

1	mother	[ʌ]
2	flirt	
3	some	
4	haze	
5	mine	
6	what	
7	jam	
8	say	
9	coin	
10	dish	
11	gin	
12	road	
13	butcher	
14	cut	

Ist dir etwas aufgefallen? Betrachte noch einmal die Wörter Nr. 6 und 7 sowie Nr. 13 und 14:

Das *a* in *what* wird anders gesprochen als in *jam*; das *u* in *butcher* anders als in *cut*!

Du siehst, gleiche Buchstaben können unterschiedlich ausgesprochen werden. Schlage nach, wenn du dir nicht sicher bist.

Um dir die Schwierigkeiten dabei noch etwas deutlicher zu machen, sollst du dich nun selbst testen:

Schreibe wie in der letzten Aufgabe die Lautschriftzeichen in die folgende Liste. Dabei sollst du die Lautschrift nicht nachschlagen, wenn du sicher bist, wie die farbigen Buchstaben ausgesprochen werden. Schlage nur die anderen nach. Achte darauf, ob die Laute lang gesprochen werden – dann musst du den Doppelpunkt benutzen.

Du musst dir für diese Aufgabe etwas Zeit nehmen, da – mindestens bei der Überprüfung deiner Lösungen – viel nachzuschlagen ist. Wenn du in Eile bist, verschieb es lieber, damit du sie ohne Unterbrechung bearbeiten kannst, dann ist der Nutzen am größten.

ACHTUNG, FALLE!

1	foot	[ʊ]	17	fight	
2	boot		18	kill	
3	blood		19	piece	
4	mood		20	peace	
5	moon		21	seize	
6	soon		22	leisure	
7	book		23	see	
8	good		24	enough	
9	flood		25	through	
10	rush		26	forest	
11	bush		27	now	
12	push		28	slow	
13	but		29	town	
14	mushroom		30	no	
15	burn		31	how	
16	busy		32	nation	

33	nationality			39	bathe	
34	unit			40	sweat	
35	unite			41	tear	oder
36	breath			42	pretty	
37	breathe			43	fever	
38	bath			44	clerk	

Nun kannst du die Lautschriftzeichen schon recht sicher finden und unterscheiden. Du weißt auch, wie wichtig es ist, lieber einmal mehr nachzuschlagen als ein Wort falsch auszusprechen.

33

Um das, was du jetzt schon gelernt hast, noch etwas zu festigen, kannst du nun, wie gerade eben, weiteren Buchstaben den richtigen Laut zuordnen.

1	bath		7	rats	
2	thumb		8	flower	
3	new		9	near	
4	the		10	that	
5	fair		11	yellow	
6	going		12	flea	

34

Umgekehrt kannst du das auch üben! Jetzt sind die Lautschriftzeichen vorgegeben und du musst die Wörter richtig zuordnen.

Die fett gedruckten Buchstaben entsprechen einem der Laute, schreibe also das Wort zu der passenden Lautschrift.

Beachte, dass zu [ʃ] und zu [ʌ] zwei Wörter gehören:

above • **f**all • b**a**r • b**ea**r • bro**th**er • bu**sh** • ma**ch**ine • ba**th**
d**ou**ble • egg**s** • gla**ss** • he**dg**e • **j**ump • sa**ng** • t**e**n • **y**awn

1	[ð]	
2	[θ]	
3	[s]	
4	[z]	
5	[ʃ]	a) b)
6	[ʒ]	
7	[j]	
8	[ʌ]	a) b)
9	[æ]	
10	[aː]	
11	[eə]	
12	[ə]	
13	[ɔː]	
14	[e]	

Als weitere Steigerung lernst du nun, ganze Wörter von der Lautschrift in die Schreibschrift zu übertragen. Wenn du nicht mehr weißt, wie die einzelnen Zeichen ausgesprochen werden, schlag auf Seite 40 oder in deinem Wörterbuch nach.

Lies die folgenden Wörter in Lautschrift ganz sorgfältig und schreibe anschließend das englische Wort in Normalschrift in die freie Spalte.

[ɑː]

#	Lautschrift	Wort
1	[mɑːk]	mark
2	[rɑːðə(r)]	
3	[lɑːf]	
4	[kɑː(r)]	

[ʌ]

#	Lautschrift	Wort
5	[bʌt]	
6	[ˈkʌbəd]	
7	[dʌn]	
8	[flʌd]	

[æ]

#	Lautschrift	Wort
9	[hænd]	
10	[fæn]	
11	[ˈtrævl]	
12	[væn]	

[eə]

#	Lautschrift	Wort
13	[reə(r)]	
14	[heə(r)]	
15	[feə(r)]	
16	[ˌfeəˈwel]	

[aɪ]

#	Lautschrift	Wort
17	[waɪ]	
18	[raɪd]	
19	[ˈaɪən]	
20	[saɪd]	

[aʊ]

#	Lautschrift	Wort
21	[haʊ]	
22	[laʊd]	
23	[ˈtaʊəl]	
24	[maʊs]	

[eɪ]

#	Lautschrift	Wort
25	[seɪl]	
26	[spreɪ]	
27	[ˈbeɪsn]	

[e]

#	Lautschrift	Wort
28	[sed]	
29	[red]	
30	[breθ]	

[ə]

#	Lautschrift	Wort
31	[əˈgəʊ]	
32	[ˈbrekfəst]	
33	[ˈθɪətə(r)]	

[ɜː]

#	Lautschrift	Wort
34	[gɜːl]	
35	[ˈmɜːdə(r)]	
36	[ɜːθ]	

Wie immer, wenn du etwas lernst und konzentriert arbeiten musst, bist du nach einiger Zeit müde. Das geht jedem so. Mach mal Pause! Beweg dich, geh an die frische Luft – danach geht's wieder besser, und du arbeitest viel leichter.

36

Arbeite weiter wie in Aufgabe 35.

[iː]
1 [niːd]
2 ['riːdɪŋ]
3 [fiːld]

[ɪ]
4 [hɪt]
5 ['prɪtɪ]
6 ['mʌdɪ]

[ɪə]
7 [dɪə]
8 [nɪə(r)]
9 [hɪə(r)]

[əʊ]
10 [nəʊ]
11 [kəʊt]
12 [stəʊn]

[ɔː]
13 [mɔː(r)]
14 [drɔː]
15 [bɔːl]

[ɒ]
16 [dɒg]
17 [hɒt]
18 [´mɒdən]

[ɔɪ]
19 [dʒɔɪ]
20 [spɔɪl]
21 [dɪ 'strɔɪ]

Nur nicht schlappmachen!!

[uː]

22 [ruːf]
23 [bluː]
24 [puːl]
25 [ruːt]

[ʊə]

26 [ˈfjʊərɪ]
27 [tʊə]
28 [ʃʊə(r)]
29 [krʊəl]

[ʊ]

30 [gʊd]
31 [pʊʃ]
32 [ˈpʊdɪŋ]
33 [pʊl]

[θ] (stimmlos)

34 [θriː]
35 [klɒθ]
36 [kəˈθiːdrəl]

[ð] (stimmhaft)

37 [ˈweðə(r)]
38 [ðeɪ]
39 [kləʊð]

[s] (stimmlos)

40 [sɔːlt]
41 [pɪstl]
42 [raɪs]

[z] (stimmhaft)

43 [raɪz]
44 [waɪz]
45 [hedz]

[ʃ] (stimmlos)

46 [ʃɒp]
47 [mætʃ]
48 [ˈləʊʃn]

Frischer Füller gefällig?

[ʒ] (stimmhaft)	
49	[ˈpleʒə(r)]
50	[ˈgæraːʒ]
51	[dʒɒb]

[ŋ]	
52	[lɒŋ]
53	[ˈfɪŋə(r)]
54	[sɪŋ]

[j]	
55	[jʌŋ]
56	[pjʊə(r)]
57	[ˈbjuːtɪ]

[w]	
58	[ˈwɔːtə(r)]
59	[kwɪk]
60	[twɪst]

[v]	
61	[ˈvælɪ]
62	[twelv]
63	[lʌv]

Geschafft!

Übrigens …
Weil die Aussprache eines englischen Worts im deutschen Teil des Wörterbuchs nicht angegeben ist, musst du die Lautschrift dieses Wortes im englischen Teil nachschlagen.

Weißt du es noch?

Wörter richtig zu trennen, ist auch im Englischen recht schwer, am besten schlägt man deswegen immer im Wörterbuch nach:

die (1) _____ innerhalb der (2) _____ zeigen, wo man trennen kann.

In den meisten Wörterbüchern steht in (3) _____, wie das vorausgehende Stichwort ausgesprochen wird.

Die Aussprache wird in der (4) _____ dargestellt. Die einzelnen Zeichen dieser Schrift kann man in einer Tabelle nachschlagen.

['] und [ˌ] sind Zeichen, welche eine Silbe betonen. Dabei zeigt ['cc] an, dass die folgende Silbe (5) _____ betont wird, [ˌ] sagt dir, dass sie

(6) _____ betont wird.

Ist in der Lautschrift ein Zeichen in runde Klammern gesetzt, so bedeutet das, dass man den Laut aussprechen (7) _____.

Gleiche Buchstaben können (8) _____ ausgesprochen werden. Wenn du also nicht wirklich sicher weißt, wie ein Wort ausgesprochen wird, solltest du immer die Lautschrift zu Hilfe nehmen.

Übungsaufgaben zur Prüfungsvorbereitung

In diesem letzten Abschnitt wendest du an, was du in STEP 1 bis 3 gelernt hast. Du musst Aufgaben lösen, die denen ähneln, die in Prüfungen gestellt werden, zum Beispiel in der Prüfung zur Mittleren Reife, nach der 10. Klasse.

Die Betriebsanleitungen würdest du sicher nicht völlig verstehen, ohne dass du einzelne Wörter nachschlägst – und das könnte vielleicht teuer werden ...

Auch den Brief deines Brieffreunds/deiner Brieffreundin willst du ja richtig beantworten: da musst du schon genau wissen, was er/sie geschrieben hat.

 Lies im Wörterbuch immer zuerst alles durch, was zu einem Stichwort gehört. Prüfe, welche Wortart du suchst und ob ein Wort mehrere Bedeutungen hat. Das alles erleichtert dir das schnelle Auffinden.

37

Benutze die auf den nächsten Seiten abgebildete Doppelseite aus dem Wörterbuch, um die Aufgaben zu lösen.

1. Du möchtest auf Englisch sagen: … und sagst:

1	Mein Wagen ist alt, er **hält** nicht viel **aus**.	"I've got an old car, it _____."
2	Gestern ist sein Motor **ausgefallen**.	"Yesterday its engine _____."
3	Um das Wort zu erklären, hat er weit **ausgeholt**.	"He _____ to explain the word."
4	Den Forschern sind die Vorräte **ausgegangen**.	"The explorers have _____ of supplies."
5	Nach 3 Meilen ist ihm die Puste **ausgegangen**.	"After 3 miles, he _____."
6	Morgen **fällt** die Schule **aus**.	" _____ ."

2. Dem fettgedruckten Wort … entspricht das englische Wort:

1	ein Fenster **aushängen**	
2	eine Notiz **aushängen**	
3	Maschinen **ausführen**	
4	einen Auftrag **ausführen**	
5	Wäsche **ausfahren**	
6	**sich** als Polizist **ausgeben**	

ausdrucken — **ausgeben**

(Computer~) print-out; ▶ etw zum ~ bringen express s.th.; das ist gar kein ~! that's not the word for it!
aus|drucken (k·k) tr 1. EDV print (out).
aus|drücken (k·k) tr (Zigarette) stub out; 2. express; ▶ sich ~ express o.s.
aus·drück·lich adv: ▶ ich möchte ~ betonen, daß ... I should like to emphasize particularly that ...
aus·drucks·los adj inexpressive.
Aus·drucks·ver·mö·gen n expressiveness; (Gewandtheit) articulateness; **aus·drucks·voll** adj expressive; **Ausdrucks·wei·se** f mode of expression; ▶ was ist denn das für 'ne ~! what sort of language is that to use!
aus|dün·nen tr (Haare etc) thin out.
Aus·dün·stung f vaporization; (von Körper) transpiration.
aus·ein·an·der [ausa'nande] adv apart; ▶ weit ~ liegen lie wide apart; etw ~ schreiben write s.th. as two words; **aus·ein·an·der|bringen** irr tr be able to get (s.o., s.th.) apart; **aus·ein·an·der|fal·len** ⟨sein⟩ irr itr fall apart; **aus·ein·an·der|fal·ten** tr unfold; **aus·ein·an·der|ge·hen** ⟨sein⟩ irr itr 1. (sich trennen) part; (Gesellschaft) break up; (Menge) disperse; 2. (Wege) divide; 3. fig (Meinungen) differ; 4. (aus den Fugen gehen) fall apart; **aus·ein·an·der|hal·ten** irr tr 1. allg keep apart; 2. fig (unterscheiden) distinguish (zwischen between); **aus·ein·an·der|neh·men** irr tr a. tech take apart; **aus·ein·an·der|set·zen** I tr: ▶ jdm etw ~ explain s.th. to s.o.; II refl: ▶ sich ~ mit etw have a critical look at s.th.
Aus·ein·an·der·set·zung f (Streit) argument.
aus·er·le·sen adj select.
aus|er·wäh·len tr choose.
aus|fah·ren irr I itr ⟨sein⟩ 1. (spazierenfahren) go for a ride; 2. aero (Fahrgestell) come out; II tr⟨h⟩ 1.: ▶ jdn ~ take s.o. for a ride; 2. (Waren etc) deliver; 3. aero (Fahrgestell) lower.
Aus·fahrt f 1. (für Kraftfahrzeuge) exit; 2. (Spazierfahrt etc) ride.
Aus·fall m 1. mot tech failure; 2. (Verlust) loss; 2. (von Unterricht etc) cancellation; 4. mil sortie.
aus|fal·len ⟨sein⟩ irr itr 1. (nicht stattfinden) be cancelled; 2. mot tech fail; ▶ der Aufsatz ist schlecht ausgefallen the composition has turned out badly; die Schule fällt morgen aus there's no school tomorrow.
aus·fal·lend (**aus·fäl·lig**) adj (Verhalten) impertinent; (Sprache) abusive; ▶ ~ werden become personal.
Aus·fall·stra·ße f main road (leading out of a city).
aus|fer·ti·gen tr (Auftrag) make out; (Paß) issue.

Aus·fer·ti·gung f 1. (das Ausfertigen) drawing up; (von Paß) issuing; 2. (Kopie) copy; ▶ in doppelter ~ in duplicate; in dreifacher ~ in triplicate.
aus·fin·dig ['ausfɪndɪç] adv: ▶ ~ machen find; (aufspüren) trace.
aus|flie·ßen ⟨sein⟩ irr itr 1. flow out (aus of); 2. (auslaufen) leak (aus out of).
aus|flip·pen itr sl freak out.
Aus·flucht ['ausfluxt, pl 'ausflʏçtə] ⟨-, -e⟩ f excuse; ▶ ~e machen make excuses.
Aus·flug m trip; ▶ e-n ~ machen go on a trip.
Aus·flüg·ler(in) ['ausfly:klɐ] m (f) tripper.
Aus·fluß m 1. (das Ausfließen) flowing out; 2. med vaginal discharge.
aus|fra·gen tr question (nach about).
aus|fres·sen irr tr fig: ▶ etw ~ do s.th. wrong.
Aus·fuhr ['ausfu:ɐ] ⟨-, -en⟩ f export, exportation.
aus·führ·bar adj feasible, practicable.
Aus·fuhr·be·stim·mun·gen f pl export regulations.
aus|füh·ren tr 1. (exportieren) export; 2. fig (Bestellungen, Aufträge, Pläne) carry out; 3. fig (genauer darstellen) explain.
Aus·fuhr·land n exporting country.
aus·führ·lich ['ausfy:ɐlɪç/ -'--] I adj detailed; II adv in detail; ~er in greater detail.
Aus·fuhr·pa·pie·re pl com export documents (od papers); **Aus·fuhr·zoll** m export duty.
Aus·füh·rung f 1. (von Aufträgen, Plänen) execution; 2. (Bauplan) design; (Typ) model; com quality; 3. (Darstellung) statement; ▶ ~en pl report sing.
Aus·füh·rungs·be·stim·mun·gen f pl regulations.
aus|fül·len tr 1. (Graben etc) fill up; 2. (Formular) fill in; ▶ das füllt mich nicht ganz aus that doesn't satisfy me completely.
Aus·ga·be f 1. (Geld etc) expense; 2. (Buch) edition; 3. (Austeilung) distribution; 5. EDV (Daten~) output; ▶ ~n pl (Auslagen) costs.
Aus·ga·be·da·ten pl EDV output data; **Aus·ga·be·ge·rät** n EDV output device.
Aus·gang m 1. (Öffnung nach außen) exit; 2. fig (Ergebnis) outcome; ▶ ~ haben have a day-off; **Aus·gangspunkt** m starting-point; **Aus·gangssper·re** f 1. (für Zivilisten) curfew; 2. mil (Disziplinarstrafe) confinement to barracks; **Aus·gangs·stel·lung** f starting position.
aus|ge·ben irr tr 1. (verteilen) give out, distribute; (Karten) deal; 2. (Befehle, Banknoten, Fahrkarten) issue; 3. (Geld)

ausgebucht 37 **auskommen**

spend; ▶ sich für etw ~ pass o.s. off as s.o.; e-n ~ fam stand a round.
aus·ge·bucht adj booked up, fully booked.
aus·ge·bufft ['ausgəbuft] adj fam (trickreich) shrewd, fly.
aus·ge·dehnt adj 1. fig (umfassend) extensive; 2. (Gummiband etc) stretched; ▶ ein ~er Spaziergang a long walk.
aus·ge·dient adj (Gerät etc) clapped-out fam.
aus·ge·fal·len adj extravagant; (ungewöhnlich) exceptional.
aus·ge·flippt adj sl flipped, freaked out.
aus·ge·fuchst adj fam crafty, wily.
aus·ge·gli·chen adj balanced; ▶ ~es Klima even climate.
Aus·ge·gli·chen·heit f balance.
ausge·hen (sein) irr itr 1. (ins Freie) go out; 2. (Vorräte) run out; 3. (Feuer) go out; 4. (Haare) fall out; ▶ schlecht ~ turn out badly; mir ging das Geld aus I ran out of money; leer ~ come away empty-handed; wir können davon ~, daß ... we can proceed from the assumption that; ihm ging die Puste aus he ran out of breath; fig fin he ran out of funds.
aus·ge·las·sen adj 1. (lärmend) boisterous; 2. (Stimmung) mad.
aus·ge·macht adj 1. (abgemacht) agreed; 2. fig (vollkommen) utter.
aus·ge·nom·men conj except.
aus·ge·powert [ausgə'pauət] adj fam (erledigt, erschöpft) washed out, tired.
aus·ge·prägt adj distinct; ▶ ein ~es Interesse a marked interest.
aus·ge·rech·net adv fig: ▶ ~ ich mußte den Ausweis vergessen of all people, I had to forget my passport; ~ in Paris mußte ich meinen Photoapparat verlieren I would have to lose my camera in Paris; ~ im Juni war das Schwimmbad geschlossen in June, of all times, the swimming baths were shut.
aus·ge·reift adj tech fully developed.
aus·ge·schlos·sen adj impossible.
aus·ge·schnit·ten adj (Kleid) low-cut.
aus·ge·spro·chen I adj fig definite; II adv really.
aus·ge·stor·ben adj 1. allg extinct; 2. fig (gänzlich verlassen) deserted.
aus·ge·sucht I adj choice, select; II adv (besonders) exceptionally.
aus·ge·wählt adj select.
aus·ge·wo·gen adj balanced.
aus·ge·zeich·net ['----/'--'--] adj excellent; ▶ es geht mir ~! I'm feeling marvellous!
aus·gie·big adj substantial; ▶ ~en Gebrauch machen von ... make full use of ...; ~ frühstücken have a substantial breakfast.
ausgie·ßen irr tr 1. (Flüssigkeit) pour

out; 2. (Fugen) fill in.
Aus·gleich ['ausglaɪç] (-(e)s, -e) m 1. allg balance; 2. com (Konto~) balancing; 3. fin (von Schulden) settling; ▶ zum ~ für etw in order to compensate for s.th.
ausglei·chen irr I tr 1. (gleich machen) level out; 2. com (Konto) balance; 3. fin (Schulden) settle; II itr sport equalize.
Aus·gleichs·sport m remedial exercise.
ausglei·ten (sein) irr itr slip (auf on).
ausgra·ben irr tr 1. (Gegenstand etc) a. fig dig up; 2. (Loch etc) dig out.
Aus·gra·bun·gen f pl excavations.
ausgren·zen tr exclude; (Person a.) ostracize.
Aus·guck ['ausguk] (-(e)s, -e) m mar lookout.
Aus·guß m (in der Küche) sink.
aushal·ten irr I tr (ertragen) bear, stand; ▶ es ist nicht zum A~! it's unbearable! er hält viel aus he can take a lot; II itr hold out.
aushän·di·gen ['aushɛndɪgən] tr hand over; (ausliefern) deliver.
Aus·hang (-(e)s, ⸚e) m (Bekanntmachung) notice.
aushän·gen I tr 1. (aushaken) unhook; 2. (eine Tür) unhinge; 3. (bekanntmachen) put up; II irr itr have been put up.
Aus·hän·ge·schild n sign.
aushar·ren itr wait.
aushe·ben irr tr 1. (Graben etc) dig; 2. fig (Bande etc) make a raid on ...
aushecken (k·k) tr fig (Pläne) cook up.
ausbei·len (sein) itr be cured; (Wunde) heal.
aushel·fen irr itr: ▶ jdm ~ help s.o. out.
Aus·hil·fe f 1. allg help; 2. (Person) temporary worker.
aus·hilfs·wei·se adv temporarily.
aushöh·len tr 1. allg hollow out; 2. fig undermine.
ausho·len itr 1. (zum Schlag) raise one's hand; (zum Wurf) reach back; 2. fig go far afield.
aushor·chen tr: ▶ jdn ~ sound s.o. out.
ausken·nen irr refl 1. fig know a lot (in about); 2. allg know one's way around.
Aus·klang m end.
ausklap·pen tr open out.
auskei·den I tr 1. (entkleiden) undress; 2. (mit Bezugsstoff beziehen) line; II refl get undressed.
ausklin·gen (sein) irr itr finish.
ausklop·fen tr (Kleidung) beat the dust out of ...; (Teppich) beat.
ausknip·sen tr (Licht) switch out.
ausko·chen tr boil.
Aus·kom·men n livelihood; ▶ sein ~ haben get by.
auskom·men (sein) irr itr manage (mit on); ▶ ohne etw ~ do without s.th.; mit jdm gut ~ get along well with s.o.

Die auf den nächsten Seiten abgebildete Doppelseite aus dem Wörterbuch hilft dir bei der Lösung der beiden Aufgaben.

1. Übersetze ins Deutsche

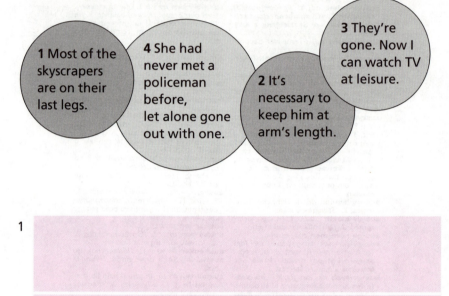

1

2

3

4

2. a) Übersetze den Satz ins Deutsche und
b) erkläre das Fettgedruckte auf Englisch.

1 I couldn't tell her where the **lemon squeezer** was.

2 He went to the **left-luggage office** to get his suitcase back.

3 They got the money from a **lender**.

4 There are families with little **leisure** time to spend together.

a)

1

2

3

4

b)

1 A lemon squeezer is …

2 A left-luggage office is …

3 A lender is …

4 Leisure is …

lee [li:] 1. (Wind)Schutz *m*; 2. *mar* Lee(seite) *f*.
leech [li:tʃ] 1. *zoo* Blutegel *m*; 2. *fig* Schmarotzer(in) *m* (*f*).
leek [li:k] Lauch, Porree *m*.
leer [lɪə(r)] I *s* anzüglicher Blick; II *itr* 1. lüstern blicken (*at* auf); 2. schielen (*at* nach).
lee-ward ['li:wəd] Leeseite *f*.
lee·way ['li:weɪ] 1. *mar aero* Abdrift *f*; 2. *fig* Zeitverlust, Rückstand *m*; 3. *fig* Spielraum *m*; ▶ make up ~ den Rückstand aufholen.
left[1] [left] I *adj* linke(r, s) *a. pol*; II *s* 1. linke Seite; 2. *(Boxen)* Linke *f*; ▶ the ~ *pol* die Linke; on the ~ links; to the ~ nach links; links (*of* von); keep to the ~ links fahren, gehen; III *adv* (nach) links; ▶ turn ~ links abbiegen.
left[2] [left] *v s. leave*[1].
left-hand ['lefthænd] *adj* linke(r, s); ▶ ~ drive Linkssteuerung *f*; take the ~ turn links abbiegen; **left-handed** [,left'hændɪd] *adj* 1. linkshändig; 2. für Linkshänder; 3. unaufrichtig, zweifelhaft; ▶ be ~ Linkshänder(in) sein; **left-hander** Linkshänder(in) *m* (*f*); **left-ist** ['leftɪst] I *s pol* Anhänger(in) *m* (*f*) der Linken; II *adj pol* linksgerichtet.
left-lug·gage [,left'lʌgɪdʒ] *adj* ▶ ~ office *rail* Gepäckaufbewahrung *f*; ~ locker Gepäckschließfach *n*; ~ ticket Gepäckschein *m*; **left-overs** ['leftˌəʊvəz] *pl* Reste, Überbleibsel *pl*.
left wing [,left'wɪŋ] *pol sport* linker Flügel; **left-wing** ['leftwɪŋ] *adj* linksstehend; **left-winger** [—ə(r)] Anhänger(in) *m* (*f*) der Linken.
leg [leg] I *s* 1. Bein *n*; 2. *(Küche)* Keule *f*; 3. Strumpf-, Hosenbein *n*; 4. (Stiefel)Schaft *m*; 5. Tisch-, Stuhlbein *n* 6. Stütze *f*; 7. *(Zirkel)* Schenkel *m a. math*; 8. *aero* Strecke, Etappe *f*; ▶ **on one's ~s** auf den Beinen; stehend; **be all ~s** *(Mensch)* hoch aufgeschossen sein; **be on one's last ~s** *fam* aus dem letzten Loch pfeifen; give s.o. a ~ *up fig* jdm unter die Arme greifen; **not to have a ~ to stand on** etw nicht belegen können, keine Ausrede haben; pull s.o.'s ~ *fam* jdn auf den Arm nehmen; shake a ~ *fam* sich sputen; **stand on one's own ~s** auf eigenen Füßen stehen; stretch one's ~s sich die Beine vertreten; II *tr fam* ~ it zu Fuß gehen.
leg·acy ['legəsɪ] Erbe *n a. fig*.
legal ['li:gl] *adj* 1. gesetz-, rechtmäßig; 2. rechtlich; juristisch; ▶ take ~ action, measures den Rechtsweg beschreiten, prozessieren; take ~ steps against s.o. gerichtlich gegen jdn vorgehen; ~ adviser Rechtsberatung *f*; ~ adviser Rechtsberater(in) *m* (*f*); ~ beistand *m*; ~ aid Rechtshilfe *f*; ~ charges *pl* Anwaltsgebühren *f pl*; Gerichtskosten *pl*; ~ claim Rechtsanspruch *m*; ~ costs *pl* Rechtskosten *pl*; ~ currency gesetzliches Zahlungsmittel; ~ department Rechtsabteilung *f*; ~ entity, person juristische Person; ~ force Rechts-, Gesetzeskraft *f*; ~ holiday gesetzlicher Feiertag; ~ proceedings *pl* Gerichtsverfahren *n*, Prozeß *m*; ~ protection Rechtsschutz *m*; ~ representative gesetzlicher Vertreter; ~ tender gesetzliches Zahlungsmittel; ~ validity Rechtsgültigkeit *f*; **legal·ity** [li:'gælətɪ] Gesetz-, Rechtmäßigkeit *f*; **legal·iz·ation** [,li:gəlaɪ'zeɪʃn] Legalisierung *f*; **legal·ize** ['li:gəlaɪz] *tr* legalisieren; **legal·ly** ['li:gəlɪ] *adv* 1. legal; 2. *(verheiratet)* rechtmäßig; 3. *(verankert)* gesetzlich; 4. *(beraten)* juristisch; ▶ ~ speaking vom rechtlichen Standpunkt aus; ~ valid rechtsgültig.
leg·ate ['legɪt] *rel* Legat *m*.
leg·ation [lɪ'geɪʃn] Gesandtschaft *f*.
leg·end ['ledʒənd] 1. Legende *f*; 2. *(Münze)* Aufschrift *f*; 3. Bilderklärung *f*, Bildtext *m*; Legende *f*; **leg·end·ary** ['ledʒəndrɪ] *adj* legendär.
leger·de·main [,ledʒədə'meɪn] (Taschenspieler)Kunststück *n*; Trick *m*.
leg·gings ['legɪŋz] *pl* (lange) Gamaschen; Leggings *f pl*; **leggy** ['legɪ] *adj* langbeinig.
leg·ible ['ledʒəbl] *adj* lesbar; leserlich.
legion ['li:dʒən] Legion *f a. fig*; ▶ the Foreign L~ die Fremdenlegion; **legion·ary** ['li:dʒənərɪ] Legionär *m*.
legis·late ['ledʒɪsleɪt] *itr* Gesetze erlassen; ▶ ~ for s.th. etw berücksichtigen; **legis·la·tion** [,ledʒɪs'leɪʃn] Gesetzgebung *f*; **legis·la·tive** ['ledʒɪslətɪv] *adj* gesetzgebend; ▶ ~ reform Gesetzesreform *f*; **legis·la·tor** ['ledʒɪsleɪtə(r)] Gesetzgeber *m*; **legis·la·ture** ['ledʒɪsleɪtʃə(r)] Legislative *f*.
le·git·imacy [lɪ'dʒɪtɪməsɪ] 1. Gesetzmäßigkeit, Legitimität *f*; 2. Ehelichkeit *f*; **le·git·imate** [lɪ'dʒɪtɪmət] *adj* 1. recht-, gesetzmäßig; 2. legitim; 3. ehelich; **le·git·imize** [lɪ'dʒɪtɪmaɪz] *tr* 1. legitimieren; 2. für ehelich erklären.
leg·room ['legrʊm] Beinfreiheit *f*, Platz *m* für die Beine.
leg·ume ['legju:m] 1. Hülse(nfrucht) *f*; 2. *pl* Gemüse *n*; **leg·umin·ous** [lɪ'gju:mɪnəs] *adj* Hülsen-.
lei·sure ['leʒə] Muße, Freizeit *f* (*for* zu); ▶ at ~ unbeschäftigt, frei; in (aller) Ruhe; at one's ~ wenn man Zeit hat; wenn es einem paßt; gentleman of ~ Privatier *m*; lady of ~ nicht berufstätige Frau; leisure activities *pl* Freizeitgestaltung *f*; **lei·sured** ['leʒəd] *adj* ▶ the ~ classes die feinen Leute; **leisure hours** *pl* Mußestunden *f pl*; **lei·sure·ly** ['leʒəlɪ] I *adj* gemächlich, ruhig; II *adv* ohne Eile; in (aller) Ruhe; **leisure time**

leisure wear Freizeit *f*; **leisure wear** Freizeitkleidung *f*.
lem·ming ['lemɪŋ] Lemming *m*.
lemon ['lemən] I *s* 1. Zitrone *f*; 2. (*~ tree*) Zitronenbaum *m*; 3. *fig* Niete *f*; II *adj* zitronengelb; **lemon·ade** [,lemə'neɪd] Limonade *f*; **lemon curd, cheese** *Br* Zitronenmus *n*; **lemon juice** Zitronensaft *m*; **lemon-peel, lemon-rind** Zitronenschale *f*; **lemon squash** *Br* Sodawasser *n* mit Zitrone; Zitronensirup *m*; **lemon squeezer** Zitronenpresse *f*.
lend [lend] (*irr* lent, lent) *tr* 1. (aus-, ver)leihen (*at interest* auf Zinsen); 2. zur Verfügung stellen; 3. (*Eigenschaft*) geben, verleihen; ► ~ **o.s. to s.th** sich zu etw hergeben, etw mitmachen; ~ **itself to** sich eignen zu, für; ~ **a (helping) hand** behilflich sein; **lender** ['lendə(r)] Aus-, Verleiher *m*; **lend·ing** ['lendɪŋ] 1. (Aus-, Ver)Leihen *n*; 2. Darlehens-, Kreditgewährung *f*; Darlehen *n*; ► ~ **business** Kreditgeschäft *n*; ~**-library** Leihbibliothek, -bücherei *f*.
length [leŋθ] 1. Länge *f*; Strecke *f*; Dauer *f*; 3. (*Stoff*) Stück *n*; (*Tapete*) Bahn *f*; 4. *sport* (Pferde-, Boots)Länge *f*; ► **at** ~ schließlich, endlich; ausführlich; ungekürzt; **by a** ~ *sport* um e-e Länge; **full** ~ der Länge nach; **three feet in** ~ drei Fuß lang; **go to any** ~ vor nichts zurückschrecken; **go to great** ~**s** *fig* sehr weit gehen; alles Erdenkliche tun; **keep s.o. at arm's** ~ Abstand zu jdm wahren, jdn auf Distanz halten; **lengthen** ['leŋθən] I *tr* verlängern; II *itr* länger werden; **length·ways, length·wise** ['leŋθweɪz, 'leŋθwaɪz] *adv* der Länge nach; **lengthy** ['leŋθɪ] *adj* weitschweifig, langatmig, langweilig; ziemlich lang.
leni·ence, leni·ency ['li:nɪəns(ɪ)] Milde, Nachsicht *f*; **leni·ent** ['li:nɪənt] *adj* mild(e), nachsichtig (*towards* gegen).
lens [lenz] 1. Linse *f*; 2. (Brille) Glas *n*; 3. *phot* Objektiv *n*.
lent [lent] *v s.* lend.
Lent [lent] Fastenzeit *f*.
len·til ['lentl] *bot* Linse *f*.
Leo ['li:əʊ] *astr* Löwe *m*; **leo·nine** ['lɪənaɪn] *adj* Löwen-.
leop·ard ['lepəd] *zoo* Leopard *m*.
leo·tard ['li:əta:d] Trikot *n*; Gymnastikanzug *m*.
leper ['lepə(r)] Leprakranke(r), Aussätzige(r) *f m*; **lep·rosy** ['leprəsɪ] Lepra *f*; Aussatz *m*; **lep·rous** ['leprəs] *adj* leprakrank, aussätzig.
les·bian ['lezbɪən] I *adj* lesbisch; II *s* Lesbierin *f*.
lese-maj·esty [,leɪz'mædʒɪstɪ] Majestätsbeleidigung *f*; Hochverrat *m*.
lesion ['li:ʒn] 1. *med* Verletzung *f*; 2. *jur* Schädigung *f*.

less [les] I *adj* kleiner, geringer, weniger; II *adv* weniger, in geringerem Maße; III *s* (der, die das) Kleinere, Geringere, Wenigere; kleinerer Betrag; IV *prep* abzüglich *gen.* weniger; V (*Wendungen*) **for** ~ für weniger; **no** ~, **nothing** ~ nicht wenig (*than* als); **no** ~ **than** ebensogut wie; **none the** ~ nichtsdestoweniger.
les·sen ['lesn] I *tr* 1. vermindern; 2. herabsetzen, verkleinern; II *itr* 1. weniger werden; 2. abnehmen, nachlassen.
les·ser ['lesə(r)] *attr adj* kleiner, geringer; ► **to a** ~ **extent** in geringerem Maße; **the** ~ **crime** das weniger schlimme Verbrechen.
les·son ['lesn] 1. (*Schule*) Übung, Aufgabe, Lektion *f*; 2. Schularbeit *f*; 3. Lehr-, Unterrichtsstunde *f*; 4. Lehre *f*; Denkzettel *m*; 5. *pl* Kurs(us) *m*; Unterricht *m*; ► **give** ~**s** jdm Unterricht erteilen; **give** ~**s** Unterricht geben; **let this be a** ~ **to you!** laß dir das e-e Lehre sein!
lest [lest] *conj* 1. aus Furcht, daß; 2. damit, daß nicht; 3. im Fall, daß; falls; 4. daß.
let¹ [let] (*irr* let, let) I *tr* 1. lassen; 2. mit *inf* zulassen, daß; erlauben zu, daß; 3. einweihen (*into a secret* in ein Geheimnis); ► ~ **s.o. do s.th.** jdn etw tun lassen; **we cannot** ~ **that happen** wir dürfen nicht zulassen, daß das passiert; ~ **me help you** kann ich Ihnen helfen? ~ **s.o. know** jdm Bescheid sagen; ~ **s.o. alone** jdn in Ruhe lassen; ~ **alone** geschweige denn, gar nicht zu reden von; ~ **be** in Ruhe lassen; ~ **blood** einen Aderlaß machen; ~ **drop, fall** fallen lassen; ~ **fly** werfen, feuern; schleudern; *fig* vom Stapel lassen; loswettern; ~ **go** gehen lassen; loslassen; bleibenlassen; vernachlässigen; ~ **o.s. go** sich gehenlassen; ~ **it go at that** etwas dabei bewenden lassen; ~ **pass** übersehen, nicht beachten; durchlassen; ~ **slip** loslassen; (*Gelegenheit*) sich entgehen lassen, verpassen; (*Tatsache*) ausplaudern; ~**'s go!** gehen wir! ~**'s talk it over** laß uns darüber reden; ~ **us pray** lasset uns beten; ~ **us suppose** ... nehmen wir an ...; ~ **me know** laß es mich wissen; ~ **me think** ... warte mal ...]; II (*mit Präposition*) **let by** *tr* vorbeilassen; **let down** *tr* 1. herunterlassen; 2. im Stich lassen; enttäuschen; 3. (*Reifen*) die Luft herauslassen (aus); ► ~ **one's hair down** *fig* aus sich herausgehen; **let in** *tr* 1. hinein-, hereinlassen; 2. (*Wasser*) durchlassen; 3. einweihen (*on* in); 4. (*Nähen*) einsetzen; ► ~ **o.s. into the house** die Haustür aufschließen; ~ **s.o. in for s.th.** jdn in etw verwickeln; ~ **o.s. in on s.th.** jdn in etw einweihen; **let off** *tr* 1. (*Dampf*) ablassen; 2. (*Gewehr*)

39

Sind in der Dose, deren Etikett abgebildet ist, ganze Spargel?

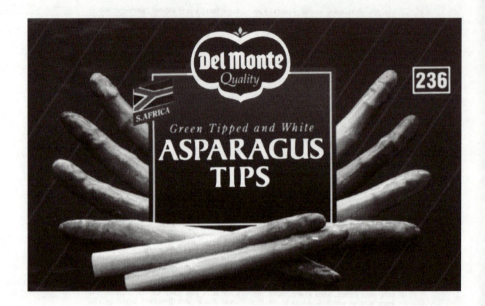

40

Benutze die auf den nächsten Seiten abgebildete Doppelseite aus dem Wörterbuch und schreibe auf, wie das Stichwort im jeweiligen Satz zu übersetzen ist.

set

1	He **set** the watch by the radio.	... *stellte (die Uhr) nach* ...
2	They have to **set** the stones in concrete.	
3	The scene of the play in **set** in Paris.	

4 I **set** him to doing his homework.

5 The concrete will **set** within 2 hours.

6 I'm all **set** to tell you the truth.

7 You can't change him, he's all **set** in his ways.

8 The dentist repaired my **set** of teeth.

9 I've got a **set** of tools.

10 After some time, the darkness **set** in.

11 They **set** up a new pet-shop.

12 Last week he **set** up as a doctor.

13 He has always wanted to **set** up for himself.

server   **set**

out *tr* 1. *(Essen)* ausgeben; verteilen; 2. *mil* ableisten; absitzen; **serve up** *tr* 1. servieren; verteilen; 2. *fam* auftischen. **server** ['sɜːvə(r)] 1. Servierbrett *n*; 2. Servierlöffel *m*; 3. *sport* Aufschläger(in) *m (f)*; 4. *rel* Ministrant(in) *m (f)*; ▶ **salad ~s** *pl* Salatbesteck *n*. **ser·vice** ['sɜːvɪs] I *s* 1. Dienst *m*; 2. Betrieb *m*; 3. *mil* Militärdienst *m*; 4. *(Kunde)* Service *m*; Bedienung *f*; 5. *(Bus etc)* Busverbindung *f*; 6. Dienst *m*; Stellung *f*; 7. *rel* Gottesdienst *m*; 8. *(Maschinen)* Wartung *f*; Inspektion *f*; 9. *(Tee)* Service *n*; 10. *sport* Aufschlag *m*; 11. *jur* Zustellung *f*; 12. *pl* Dienstleistungen *f pl*; Versorgungsnetz *n*; ▶ **~s to one's country** Dienst an seinem Vaterland; **do s.o. a ~** jdm e-n Dienst erweisen; **be of ~** nützlich sein; **be of ~ to s.o.** jdm nützen; **be at s.o.'s ~** jdm zur Verfügung stehen; **be out of ~** außer Betrieb sein; **come into ~** in Betrieb genommen werden; **see ~ as a soldier** beim Militär dienen; **telephone ~** Telefondienst *m*; **medical ~** ärztliche Versorgung; **be in ~ with s.o.** bei jdm in Stellung sein; **take s.o. into ~** jdn in Stellung nehmen; II *tr* 1. *(Auto, Maschine)* warten; 2. *(Gegend)* bedienen, versorgen; 3. *(Betrieb, Ausschuß)* zuarbeiten *(s.o.* jdm); 4. *zoo* decken; **ser·vice·able** [—əbl] *adj* 1. strapazierfähig; 2. brauchbar, dienlich, nützlich; 3. praktisch, zweckmäßig; **service area** Tankstelle *f* und Raststätte *f*; **service bus** Linienbus *m*; **service charge** Bedienungsgeld *n*; Bearbeitungsgebühr *f*; **service department** Kundendienstabteilung *f*; **service elevator**, **lift** Lastenaufzug *m*; **service entrance** Dienstboteneingang *m*; **service hatch** Durchreiche *f*; **service industry** Dienstleistungsindustrie *f*, -sektor *m*; **ser·vice·man** ['sɜːvɪsmən] Militärangehörige(r) *m*; **service road** Zufahrtsstraße *f*; **service station** Tankstelle *f* (mit Reparaturwerkstatt); **ser·vice·wo·man** ['sɜːvɪsˌwʊmən] *(pl* —women*)* Militärangehörige *f*. **ser·vi·ette** [ˌsɜːvrˈet] Serviette *f*. **ser·vile** ['sɜːvaɪl] *adj* sklavisch; unterwürfig; **ser·vil·ity** [sɜːˈvɪlətɪ] Unterwürfigkeit *f*. **serv·ing** ['sɜːvɪŋ] Portion *f*. **ser·vi·tude** ['sɜːvɪtjuːd] Knechtschaft *f*. **servo** ['sɜːvəʊ] *(pl* servos*)* I *s* Servomechanismus *m*; II *adj* Servo-; ▶ **~-assisted brakes** *pl* Servobremsen *f pl*. **ses·ame** ['sesəmɪ] *bot* Sesam *m*; ▶ **open ~!** Sesam, öffne dich! **session** ['seʃn] 1. Sitzung *f*; 2. *jur parl* Sitzungsperiode *f*; Legislaturperiode *f*; 3. *(Zahnarzt)* Sitzung *f*; Behandlung *f*; 4. *(Schule, Universität)* Semester *n*;

Studienjahr *n*; ▶ **go into secret ~** e-e Geheimsitzung abhalten; **recording ~** Aufnahme *f*; **be in ~** e-e Sitzung haben, tagen; **a ~ of talks** Gespräche *n pl*. **set** [set] *(irr* set, set*)* I *tr* 1. setzen; stellen; legen; 2. einstellen *(at* auf); aufstellen; 3. *(Uhr)* stellen *(by* nach; *to* auf); 4. *(Ziel)* festsetzen, festlegen; 5. *(Frage)* stellen *(s.o.* jdm); 6. *(Platz)* bestimmen; 7. *(Edelstein)* fassen; besetzen; 8. *(Glasscheibe)* einsetzen; 9. *med* einrenken; 10. *(Tisch)* decken; 11. *radio* einstellen; 12. *tech* justieren; 13. *(Datum, Preis, Strafe)* festsetzen *(at* auf); 14. *(die Mode)* bestimmen, einführen; 15. *(den Ton)* angeben; 16. *typ* setzen; ▶ **be ~ fair** *mete* beständig sein; **~ an example** ein Beispiel geben; **Macbeth is ~ this year** Macbeth steht dieses Jahr auf dem Lehrplan; **~ a value on s.th.** e-n Wert auf etw festsetzen; **~ s.o. a problem** jdn vor ein Problem stellen; **~ stones in concrete** Steine einzementieren; **be ~ in the valley** im Tal liegen; **the book is ~ in Paris** das Buch spielt in Paris; **~ a guard on s.th.** etw bewachen lassen; **~ a dog after s.o.** e-n Hund auf jdn ansetzen; **~ s.th. to music** etw vertonen; **~ s.th. going** etw in Gang bringen; **~ s.o. doing s.th.** jdn dazu veranlassen, etw zu tun; **~ s.o. to doing s.th.** jdn etw tun lassen; **~ s.o. free** jdn freilassen; **~ s.th. right** etw in Ordnung bringen; **~ s.o. right** jdn berichtigen; II *itr* 1. *(Sonne)* untergehen; 2. *(Zement)* hart werden; 3. *(Hund)* vorstehen; III *adj* 1. fertig, bereit; 2. *(Gesicht)* unbewegt; 3. *(Sitten)* fest; vorgegeben; 4. *(Zeit)* festgesetzt, bestimmt; 5. entschlossen; ▶ **be all ~ for s.th.** für etw gerüstet sein; **be all ~ to do s.th.** fest entschlossen sein, etw zu tun; **~ book** Pflichtlektüre *f*; **~ menu** Tageskarte *f*; **~ phrase** feststehender Ausdruck; **be ~ in one's ways** in seinen Gewohnheiten festgefahren sein; **be dead ~ on s.th., doing s.th.** etw auf Biegen und Brechen haben, tun wollen; IV *s* 1. Satz *m*; Paar *n*; Garnitur *f*; Service *n*; 2. *(Nadeln)* Spiel *n*; 3. Malkasten *m*; Baukasten *m*; 4. *(Bücher)* Reihe, Serie *f*, gesammelte Ausgabe; 5. Reihe *f*; 6. *(Menschen)* Kreis *m*; 7. *sport* Satz *m*; Spiel *n*; 8. *math* Reihe *f*; Menge *f*; 9. *(Lied)* Programmnummer *f*; 10. *radio TV* Gerät *n*, Apparat *m*; 11. *(Kleidung)* Sitz *m*; Haltung *f*; 12. *(Haare)* Frisur, Form *f*; 13. *theat* Bühnenbild *n*; ▶ **a ~ of teeth** Gebiß *n*; **a ~ of tools** Werkzeug *n*; **a whole ~ of questions** e-e ganze Reihe Fragen; **that ~ of people** dieser Personenkreis; **make a dead ~ at s.o.** sich an jdn ranmachen; V *(mit Präposition)* **set about** *tr* sich machen an, anfangen; anfassen, anpacken; herfallen über; ▶ **~ about doing s.th.** sich dran-

setback 495 **settler**

machen, etw zu tun; **set against** *tr* 1. einnehmen gegen; 2. gegenüberstellen; ▶ ~ o.s. against s.th. sich e-r S entgegenstellen; **set apart** *tr* 1. abheben, unterscheiden; 2. (Geld) beiseite legen; **set aside** *tr* 1. beiseite legen; 2. (Zeit) einplanen; 3. (Pläne) aufschieben; begraben; 4. *jur* aufheben, annullieren, außer Kraft setzen; **set back** *tr* 1. zurücksetzen; 2. verzögern, behindern; zurückwerfen; 3. kosten; **set down** *tr* 1. absetzen; 2. (Passagier) aussteigen lassen; 3. schriftlich niederlegen; 4. zuschreiben; ▶ ~ s.o. down as s.th. jdn für etw halten; **set forth** *tr* (Plan) darlegen; *itr* aufbrechen, abreisen; **set in** *tr* einsetzen; einarbeiten; *itr* 1. einsetzen; 2. (Dunkelheit) anbrechen; **set off** *tr* 1. (Feuerwerk) losgehen lassen; 2. führen zu; auslösen; 3. hervorheben; *itr* sich auf den Weg machen, aufbrechen; losfahren; ▶ that ~ us all off laughing das brachte uns alle zum Lachen; ~ s.th. off from s.th. etw von etw abheben; ~ off on a journey e-e Reise antreten; **set on** *tr* hetzen, ansetzen auf; *itr* überfallen; **set out** *tr* ausbreiten, aufstellen; anordnen; darlegen; *itr* 1. abfahren, aufbrechen, sich auf den Weg machen; 2. beabsichtigen; **set to** *itr* loslegen, reinhauen; ▶ ~ to work sich an die Arbeit machen; **set up** *tr* 1. aufstellen; aufbauen; errichten; 2. *fig* arrangieren, vereinbaren; 3. (Raub) planen; 4. (Schule) einrichten; 5. (Geschäft) eröffnen, gründen; 6. (Rekord) aufstellen; 7. (Gesundheit) guttun; 8. (Protest) anstimmen; 9. (Infektion) auslösen; *itr* sich niederlassen; ▶ ~ s.th. up for s.o. etw für jdn vorbereiten; ~ s.o. up *fam* jdm etw anhängen; ~ s.o. up as s.th. jdm ermöglichen, etw zu werden; ~ o.s. up as s.th. sich als etw aufspielen; be well ~ up for life für sein ganzes Leben ausgesorgt haben; be well ~ up sich gut stehen; ~ up as a doctor sich als Arzt niederlassen; ~ up for o.s. sich selbständig machen.
setback ['setbæk] Rückschlag *m*; **setin** [setˈɪn] *adj* (Ärmel) eingesetzt; eingearbeitet; **set-square** Zeichendreieck *n*.
set·tee [seˈtiː] Sofa *n*.
set·ter ['setə(r)] 1. *zoo* Setter *m*; 2. (type-~) Setzer(in) *m* (*f*).
set the·ory ['set,θɪərɪ] *math* Mengenlehre *f*.
set·ting ['setɪŋ] 1. (Sonne) Untergang *m*; 2. *fig* Rahmen *m*, Umgebung *f*; Schauplatz *m*; 3. (Juwel) Fassung *f*; 4. (place ~) Gedeck *n*; 5. *tech* Einstellung *f*; 6. *mus* Vertonung *f*; 7. (Haare) Legen *n*; **setting lotion** Haarfestiger *m*.
settle ['setl] I *tr* 1. entscheiden, regeln; 2. (Problem) klären; 3. (Streit) beilegen,

schlichten; 4. (Platz) vereinbaren, festlegen, ausmachen; 5. (Vertrag) abschließen; 6. (Preis) sich einigen auf, aushandeln; 7. (Rechnung) bezahlen, begleichen; 8. (Flüssigkeit) sich setzen lassen; sich klären lassen; 9. (Kind) versorgen; zurechtlegen; 10. (im Haus) unterbringen; etablieren; 11. (Land) besiedeln; ▶ ~ one's affairs seine Angelegenheiten in Ordnung bringen; that ~s it damit wäre der Fall erledigt; ~ o.s. to doing s.th. sich daran machen, etw zu tun; ~ s.o. into a house jdm helfen, sich häuslich einzurichten; ~ money on s.o. jdm Geld überschreiben; I'll soon ~ him dem werd' ich's geben; II *itr* 1. seßhaft werden; sich niederlassen, sich ansiedeln; sich einrichten; 2. sich einleben; sich eingewöhnen (*into* in); 3. (Wetter) beständig werden; 4. (Kind) sich beruhigen; zur Ruhe kommen, ruhiger werden; 5. (Vogel) sich niederlassen; sich setzen; 6. (Gebäude) sich senken; 7. *jur* sich vergleichen; 8. bezahlen; ▶ ~ into a habit sich etw angewöhnen; ~ comfortably in an armchair es sich in e-m Sessel bequem machen; III (*mit* Präposition) **settle down** *itr* 1. seßhaft werden; 2. sich legen; *tr* 1. beruhigen; 2. (Baby) hinlegen; versorgen; ▶ marry and ~ down heiraten und häuslich werden; ~ down at school sich an e-r Schule eingewöhnen; ~ down to work an die Arbeit machen; ~ down to watch TV es sich vor dem Fernseher gemütlich machen; ~ o.s. down to work an die Arbeit machen; ~ down to zufriedengeben mit; **settle in** *itr* sich einleben, sich eingewöhnen; ▶ ~ s.o. in jdm helfen, sich einzuleben; **settle on, upon** *tr* sich entscheiden für; sich einigen auf; **settle up** *tr, itr* bezahlen; ▶ ~ up with s.o. mit jdm abrechnen; **settle with** *tr* abrechnen mit; ▶ ~ one's account with s.o. mit jdm abrechnen; ~ s.th. with s.o. sich mit jdm auf etw einigen.
settled ['setld] *adj* 1. (Wetter) beständig; 2. (Leben) geregelt; 3. (Meinung) fest; (Vorgang) feststehend; ▶ be ~ etabliert sein; festen Fuß gefaßt haben; ruhiger sein; ▶ feel ~ sich wohl fühlen.
settle·ment ['setlmənt] 1. Entscheidung *f*; Regelung *f*; Klärung *f*; 2. (Streit) Beilegung *f*, Schlichtung *f*; 3. (Rechnung) Bezahlung *f*; 4. (Vertrag) Übereinkunft *f*, Übereinkommen *n*; 5. (Geld) Übertragung, Überschreibung *f* (von auf); 6. (Gebäude) Senkung *f*; Absetzen *f*; 7. Siedlung, Niederlassung *f*; Ansiedlung *f*; 8. Wohlfahrtseinrichtung *f*; Gemeindezentrum *n*; ▶ reach a ~ sich einigen, e-n Vergleich schließen; out of court ein außergerichtlicher Vergleich.
set·tler ['setlə(r)] Siedler(in) *m* (*f*).

Quelle: PONS Schülerwörterbuch Englisch, Klett

Benutze die auf den nächsten Seiten abgebildete Doppelseite aus dem Wörterbuch, um herauszufinden, mit welchem Wort du „näher" jeweils übersetzen würdest.

näher

1. Du wohnst **näher** bei ihm.

2. Weihnachten rückt **näher**.

3. Beschreibe mir das **näher**.

4. Das sehen wir uns **näher** an.

5. Ich lernte sie **näher** kennen.

6. Treten Sie doch bitte **näher**!

7. Am Ende kamen wir uns doch noch **näher**.

8. In der **näheren** Umgebung gibt es kein Kino.

9. Jetzt kommen wir der Sache **näher**.

brotherly love.
näch·stens *adv* 1. *(bald)* before long, soon; 2. *(nächstes Mal)* next time.
nächst·lie·gend *adj attr fig* most obvious; ▶ **das N~e** the most obvious thing.
nach|zu·chen *itr* 1. *(suchen)* look (and see); 2. *(ersuchen)* apply *(bei jdm um etw* to s.o. for s.th.).
Nacht [naxt, *pl* 'nεçtə] ‹-, ⸚e› *f* a. *fig* night; ▶ **bei ~, des ~s, in der ~ at night**; **es wird ~** it's getting dark; **bei ~ u.** **Nebel** *fig fam* at dead of night; **e-s ~s** one night; **in tiefster ~** at dead of night; **die ganze ~** hindurch all night (long); **in e-r dunklen ~** on a dark night; **über ~** *a. fig* overnight; **diese ~** *(heute n~)* tonight; **vergangene ~** last night; **über ~ bleiben** stay the night; **gute ~!** good night; **na, dann gute ~!** *fam (ironisch)* nice prospects!
nacht *adv:* ▶ **heute ~** *(letzte N~)* last night; *(kommende N~)* tonight; **Dienstag ~** Tuesday night.
Nacht·ar·beit *f* night-work; **Nachtblind·heit** *f* night blindness; **Nachtcreme** *f* night cream; **Nacht·dienst** *m* night duty.
Nach·teil *m* 1. *(Gegenteil von Vorteil)* disadvantage; 2. *(Schaden)* detriment; ▶ **jdm gegenüber im ~ sein** be at a disadvantage with s.o.; **zu jds ~ to** someone's disadvantage *(od* detriment); **es soll bestimmt nicht dein ~ sein!** you certainly won't lose by it! **sich zu s-m ~ ändern** change for the worse; **nach·tei·lig** *adj* 1. *(von Nachteil)* disadvantageous; 2. *(ungünstig)* unfavourable.
näch·te·lang ['nεçtəlaŋ] *adv* for nights on end.
Nacht·eu·le *f fig fam* night-bird; **Nacht·fal·ter** *m* zoo moth; **Nachtflug·ver·bot** *n* ban on night flights; **Nacht·frost** *m* night frost; **Nachthemd** *n* *(Damen~)* nightdress, *fam* nightie; *(Herren~)* nightshirt.
Nach·ti·gall ['naxtıgal] ‹-, -en› *f* orn nightingale.
Nach·tisch *m* dessert.
Nacht·klub *m* night club; **Nacht·lager** *n* place for the night; **Nacht·leben** *n* night life.
nächt·lich ['nεçtlıç] *adj attr* 1. *(jede Nacht)* nightly; 2. *(in der Nacht)* night; *(gehoben)* nocturnal.
Nacht·lo·kal *n* night spot; **Nacht·portier** *m* night porter.
Nach·trag ['na:xtra:k, *pl* 'na:xtrɛ:gə] ‹-(e)s, ⸚e› *m* 1. *(zu e-m Buch)* supplement; *(zu e-m Manuskript)* addendum; 2. *(zu e-m Brief)* postscript; **nach|tra·gen** *irr tr* 1. *(hinterhertragen)* carry after; 2. *(hinzufügen)* add; 3. *fig:* ▶ **jdm etw ~** bear s.o. a grudge for s.th.; **nach·tra·gend** *adj* unforgiving.
nach·träg·lich ['na:xtrɛ:klıç] *adj* 1. *(zu-*

sätzlich) additional; 2. *(später)* later; 3. *(verspätet)* belated; ▶ **~ herzlichen Glückwunsch** belated best wishes *pl.*
Nach·trags·haus·halt *m* supplementary budget.
nach|trau·ern *itr:* ▶ **jdm/e-r Sache ~** mourn the loss of s.o./s.th.
Nacht·ru·he *f* 1. *(Schlaf in der Nacht)* sleep, night's rest; 2. *(Schlafenszeit)* lights-out.
nachts ['naxts] *adv Br* at night, *Am* nights; ▶ **bis 2 Uhr ~** till two in the morning.
Nacht·schal·ter *m* night desk; **Nacht·schicht** *f* nightshift; ▶ **~ haben** be on nightshift; **nacht·schla·fend** *adj fam:* ▶ **zu ~er Zeit** in the very middle of the night; **aber doch nicht zu dieser ~en Zeit!** but not at this time of night!
Nacht·schwe·ster *f* night nurse; **Nacht·spei·cher·ofen** *m* el storage heater; **Nacht·ta·rif** *m* night tariff; off-peak tariff; **Nacht·tisch** *m* bedside table; **Nacht·topf** *m* chamber pot; **Nacht·tre·sor** *m Br* night safe *(Am* depository); **Nacht-und-Ne·bel-Ak·tion** *f fam* cloak-and-dagger operation; **Nacht·vor·stel·lung** *f* late-night performance; **Nacht·wa·che** *f* 1. *allg* night-watch; 2. *(im Krankenhaus)* night duty; **Nacht·wäch·ter** *m* *(Wachmann)* night watchman; **Nacht·zeit** *f* night-time.
Nach·un·ter·su·chung *f* med check-up.
nach|voll·zie·hen *irr tr* comprehend.
nach|wach·sen ‹sein› *irr itr (wieder wachsen)* grow again.
Nach·wahl *f pol Br* by-election, *Am* special election.
Nach·we·hen *pl* 1. *med* after-pains; 2. *fig* after-effects, painful aftermath *sing.*
nach|wei·nen *itr* shed tears *(jdm od e-r Sache* over s.o. *od* s.th.).
Nach·weis ['na:xvaɪs] ‹-es, -e› *m* 1. *(Beweis)* proof *(für, über etw)*; 2. *(Bescheinigung)* certificate; ▶ **den ~ für etw führen** furnish proof of s.th.; **nach·weis·bar** *adj* 1. *(beweisbar)* provable; 2. *tech (auffindbar)* detectable; **nach|wei·sen** *irr tr* 1. *(beweisen)* prove; 2. *tech (Fehler etc auffinden)* detect; **nach·weis·lich** *adj* provable; ▶ **ein ~er Irrtum** a demonstrable error.
Nach·welt *f:* ▶ **die ~** posterity.
nach|wer·fen *irr tr:* ▶ **jdm etw ~** throw s.th. after s.o.; *fig fam* give s.o. s.th. on the cheap.
nach|win·ken *itr:* ▶ **jdm ~** wave (good-bye) to s.o.
nach|wir·ken *itr* go on to have an effect; **Nach·wir·kung** *f* 1. *(weitere, spätere Wirkung)* after-effect; 2. *fig (Auswirkung)* consequence.
Nach·wort ‹-(e)s, -e› *n* epilogue.

Nach·wuchs m 1. fig (beruflich) young people pl; 2. hum (Nachkommen) offspring pl.
nach·zah·len tr itr 1. (mehr zahlen) pay extra; 2. (später zahlen) pay later.
nach·zäh·len tr itr check.
Nach·zah·lung f additional payment.
nach·zeich·nen tr 1. (Umrisse) go over; 2. (kopieren) copy.
nach·zie·hen irr I tr 1. (Bein) drag behind one; 2. (Striche) go over; (Augenbrauen) pencil over; 3. (Schraube) tighten up; II itr ⟨sein⟩ (hinterherziehen) follow (jdm s.o.).
Nach·zug m: ▶ ~ von Familienangehörigen reuniting of family members, family reunification.
Nach·züg·ler(in) ['na:xtsy:glɐ] m (f) a. fig latecomer.
Nacken (k·k) ['nakən] ⟨-s, -⟩ m neck; ▶ jdn im ~ haben fig fam have s.o. on one's tail; die Furcht saß ihr im ~ fig fam she was frightened out of her wits.
nackt [nakt] adj 1. (Mensch) naked, nude; 2. (entblößt a. fig: unbewachsen etc) bare; ▶ jdn ~ ausziehen strip s.o. naked; **Nackt·heit** f 1. (von Mensch) nakedness, (gehoben) nudity; 2. fig (Kahlheit) bareness.
Na·del ['na:dəl] ⟨-, -n⟩ f 1. allg (a. Näh~) needle; 2. (Ansteck~ etc) pin; **Na·del·baum** m bot conifer; **Na·del·drucker** (k·k) m EDV dot-matrix printer; **Na·del·filz** m needle felting; **Na·del·hölzer** pl conifers; **Na·del·kis·sen** n pincushion; **Na·del·la·ger** n tech needle-roller bearing; **Na·del·öhr** ['na:dəlœ:ɐ] ⟨-s, (-e)⟩ n eye of a (od the) needle: **Na·del·stich** m 1. (Wunde) prick; 2. (beim Nähen, a. med) stitch; 3. fig pinprick; **Na·del·wald** m coniferous forest.
Na·gel ['na:gəl, pl 'nɛ:gəl] ⟨-s, ⁻⟩ m allg nail; (großer) spike; (hölzerner) peg; ▶ den ~ auf den Kopf treffen fig hit the nail on the head; ≈ mit Köpfen machen fig do the job properly; etw an den ~ hängen fig fam chuck s.th. in; sich etw unter den ~ reißen fig fam pinch s.th.; an den ⁻n kauen bite one's nails; dieses Problem brennt mir unter den ⁻n fig this problem is preying on my mind; **Na·gel·bür·ste** f nailbrush; **Na·gel·fei·le** f nailfile; **Na·gel·lack** m nail varnish; **Na·gel·lack·ent·fer·ner** m nail polish (od varnish) remover; **na·geln** tr nail (an, auf(on)to); **na·gel·neu** ['-ˈ-] adj fam brand-new; **Na·gel·sche·re** f nail-scissors pl.
na·gen ['na:gən] itr tr 1. a. fig gnaw (an at); (knabbern) nibble (an at); 2. (zerfressen) eat (an into); **na·gend** adj 1. (Hunger) gnawing; 2. fig (Zweifel etc) nagging; **Na·ger** (**Na·ge·tier**) m (n) zoo rodent.

nah [na:] ⟨neher, nechst⟩ I adj 1. (räumlich) pred close, near; attr nearby; 2. (zeitlich) approaching, pred a. near; 3. fig (eng, befreundet etc) close; ▶ jdm ~e sein be near to s.o.; der N~e Osten the Middle East; die ~e Zukunft the near future; von ~em from close up; II adv 1. (räumlich) close, near (an, bei to); 2. (zeitlich) close; 3. fig (eng, intim etc) closely; ▶ ~e liegend nearby; jdm zu ~e treten fig offend s.o.; ~ bevorstehen be approaching; ich war ~e daran zu gehen fig I was on the point of leaving; III prp close to, near; ▶ ich war den Tränen ~e I was on the verge of tears; **Nah·auf·nah·me** f close-up.
Nä·he ['nɛ:ə] ⟨-⟩ f 1. (räumlich) nearness, proximity, (Nachbarschaft) neighbourhood, vicinity; 2. (zeitlich) closeness; ▶ es ist ganz in der ~ it is quite near; ich habe ihn gern in meiner ~ I like to have him around; in unmittelbarer ~ (jds od e-r Sache) in close proximity (to s.o. od s.th.); in der (unserer) ~ close by (us); aus der ~ from close up.
na·he·bei ['na:əˈbaɪ] adv nearby.
na·he·brin·gen irr tr: ▶ jdm etw ~ bring s.th. home to s.o.
na·he·ge·hen irr itr fig affect (jdm s.o.).
na·he·kom·men irr itr fig: ▶ einander (od sich) ~ become close; jdm (e-r Sache) ~ (fast gleichen) come close to s.o. (s.th.).
na·he·le·gen tr fig suggest (jdm etw s.th. to s.o.); **na·he·lie·gen** irr itr fig stand to reason, suggest itself; **na·he·lie·gend** adj fig manifest, obvious.
na·hen ['na:ən] itr ⟨sein⟩ refl ⟨h⟩ approach (jdm s.o., e-r Sache s.th.).
nä·hen ['nɛ:ən] tr itr 1. allg sew; 2. med suture.
nä·her ['nɛ:ɐ] I adj 1. (räumlich) nearer (jdm to s.o., e-r Sache to s.th.); 2. (zeitlich) closer; 3. fig (eingehender) more detailed; ▶ können Sie das näher beschreiben? could you explain that in more detail? 4. fig (enger) closer; ▶ ~e Umgebung immediate vicinity; II adv 1. (räumlich, zeitlich) closer, nearer; 2. fig (genauer) more closely; 3. fig (eingehender) in more detail; ▶ das müssen wir uns einmal ~ ansehen we ought to go into it; ~ kennenlernen get to know better; bitte treten Sie ~! please step up! ~ kommen come nearer.
Nä·he·re n details pl; ▶ ich möchte Näheres darüber erfahren I would like to know more about it.
Nah·er·ho·lung f local recreation; **Nah·er·ho·lungs·ge·biet** n recreational area (close to a town).
Nä·he·rin ['nɛ:ərɪn] f seamstress.
nä·her·kom·men irr itr fig: ▶ jdm ~ get closer to s.o.; das kommt der Sache schon näher that's nearer the mark.

Vielleicht kannst du den einen oder anderen Satz ohne Wörterbuch übersetzen? Die nächsten Seiten aus dem Wörterbuch helfen dir – für alle Fälle.

look

1	She gave me a dirty **look**.	
2	Can I have a **look** at it?	
3	There is a **look** of despair in his eyes.	
4	He had the **look** of a detective.	
5	I don't like the **look** of this wound.	
6	You can't go **by looks** alone.	
7	He's **looking** his age.	
8	It **looks like** rain.	
9	**Look** out!	
10	The window **looks** north.	
11	Things are **looking up**.	

long drink

distance adj ▶ ~ **call** Ferngespräch n; ~ **express train** Fernexpress m; ~ **lorry driver** Fernfahrer(in) m (f); ~ **flight** Langstreckenflug m; ~ **traffic** Fernverkehr m; **long drink** Longdrink m, verdünntes alkoholisches Getränk.
lon·gev·i·ty [lɒnˈdʒevətɪ] Langlebigkeit f.
long-haired [ˈlɒŋheəd] adj langhaarig; **long-hand** [ˈlɒŋhænd] Langschrift f; **long haul** Am 1. aero Langstrecken-, Nonstopflug m; 2. fig schwieriger Lebensabschnitt.
long·ing [ˈlɒŋɪŋ] I adj sehnsüchtig; sich sehnend (for nach); II s Sehnsucht f, Verlangen n (for nach).
long·ish [ˈlɒŋɪʃ] adj ziemlich lang.
longi·tude [ˈlɒŋɡɪtjuːd] (geographische) Länge f; **longi·tu·di·nal** [ˌlɒŋɡɪˈtjuːdɪnl] adj längslaufend, Längs-.
long johns [ˈlɒŋdʒɒnz] pl lange Unterhosen f pl; **long jump** sport Weitsprung m; **long-life milk** [ˈlɒŋlaɪf] H-Milch f; **long-lived** [ˌlɒŋˈlɪvd] adj langlebig; dauerhaft; **long-lost** [ˈlɒŋlɒst] adj längst verloren geglaubt; **long odds** pl geringe Gewinnchancen f pl; **long-playing record** Langspielplatte f; **long-range** adj 1. weitreichend; 2. (Rakete, Flugzeug) Langstrecken-; 3. weit vorausschauend; ▶ ~ **forecast** Langzeitprognose f; ~ **planning** langfristige Planung f; ~ **shot** riskantes Unternehmen; ▶ **not by a ~** nicht im Traum; **long-sighted** [ˌlɒŋˈsaɪtɪd] adj weitsichtig; **long-stand·ing** [ˌlɒŋˈstændɪŋ] adj langdauernd, anhaltend; **long-suffering** adj schwer geprüft; **long-term** adj langfristig; ▶ ~ **damage** Spätschaden m; ~ **effect** Langzeitwirkung f; ~ **planning** langfristige Planung f; ~ **test** Dauertest m; ~ **unemployed (person)** Langzeit-, Dauerarbeitslose(r) f m; **long vac** fam, **long vacation** große Ferien pl; Sommersemesterferien pl; **long wave** radio Langwelle f; **long-wave** adj ▶ ~ **band** Langwellenbereich m; ~ **ways**, **long-wise** [ˈlɒŋweɪz, —waɪz] adv der Länge nach; **long-winded** [ˌlɒŋˈwɪndɪd] adj langatmig.
loo [luː] Br fam Klo n.
look [lʊk] I itr 1. sehen, schauen, blicken (at, on, upon auf, nach); 2. ansehen, -schauen (at, on s.o., s.th. jdn, etw); 3. achtgeben, aufpassen (to auf); 4. seinen Blick richten (towards auf); 5. suchen, nachsehen; 6. (Fenster) gehen nach; 7. aussehen, scheinen; ▶ **it ~s like rain** es sieht nach Regen aus; ~ **sharp!** dalli, dalli!; **here! look here!** hör mal gut zu! ~ **and see** nachsehen; II tr 1. sehen (s.o. in the face jdm ins Gesicht); 2. zum Ausdruck bringen, Ausdruck geben (s.th. e-r S); ▶ **he ~s his age** man sieht ihm sein Alter an; III s 1. Blick m (at auf, nach); 2. pl Aussehen n; Anblick m; Erscheinung f; ▶ **cast, throw a ~ e-n** Blick werfen (at auf); **give s.o. a dirty ~** jdm einen vernichtenden Blick zuwerfen; **have a ~ at s.th.** etwas angucken; **I don't like the ~ of it** es gefällt mir nicht; IV (mit Präposition) **look about** itr sich umsehen, sich umschauen (for nach); **look after** tr 1. sich kümmern um; aufpassen auf; 2. überwachen, aufpassen auf; sehen nach; 3. nachsehen, passen auf; **look ahead** itr 1. nach vorne sehen; 2. die Zukunft planen, vorausschauen; **look around** itr sich umsehen (for nach); **look at** tr ansehen; sich ansehen; überprüfen; betrachten; überlegen; **look away** itr wegsehen; **look back** itr 1. zurückschauen, -blicken (on, upon auf); 2. unsicher werden; **look down** itr hochmütig herabsehen (on auf); **look for** tr 1. suchen; 2. erwarten; **look forward** itr sich freuen (to auf); **look in** itr e-n kurzen Besuch abstatten (on s.o. jdm); **look into** tr untersuchen, nachgehen (s.th. e-r S); **look on, upon** itr 1. ansehen, betrachten (as als); 2. zusehen; **look onto** tr hinausschauen auf; **look out** itr 1. aufpassen, achtgeben (for auf); 2. hinaussehen, -gehen (on auf); 3. sich aussuchen; ▶ ~ **out!** aufpassen! Achtung! Vorsicht!; **look over** tr mustern; prüfen; **look round** itr sich umsehen; **look through** tr 1. durchsehen; 2. prüfen; 3. fig durchschauen; **look to** itr 1. sich kümmern um; 2. sich verlassen auf, vertrauen auf; ▶ ~ **to it that** sehen Sie zu, daß; **look up** itr 1. aufblicken, -schauen, -sehen (at auf); 2. (Lage) sich bessern; 3. (Preise) steigen; tr 1. (Wort) nachschlagen; 2. fam besuchen; ▶ ~ **up to s.o.** zu jdm aufsehen; **things are ~ing up** es geht besser, bergauf; **look up and down** tr genau untersuchen.
looker [ˈlʊkə(r)] ▶ **she's a real ~** sie sieht phantastisch aus; **looker-on** [ˌlʊkərˈɒn] (pl lookers-on) Zuschauer(in) m (f) (at bei); **look-in** [ˈlʊkɪn] 1. flüchtiger Blick; 2. kurzer Besuch; ▶ **have a ~** fam bes. sport Aussichten, Chancen haben; **look·ing glass** [ˈlʊkɪŋɡlɑːs] Spiegel m; **look-out** [ˈlʊkaʊt] 1. Ausblick m; 2. Ausguck, mar Mastkorb m; ▶ **be on the ~** Ausschau halten (for nach); **that is his ~** fam das ist seine Sache; **that's not my ~** das geht mich nichts an; **look-over** [ˈlʊkəʊvə(r)] Überprüfung f; ▶ **give s.th. a ~** sich etw ansehen.
loom[1] [luːm] Webstuhl m.
loom[2] [luːm] itr 1. (~ up) allmählich, undeutlich sichtbar werden; 2. drohend aufragen; ▶ ~ **large** sehr wichtig sein.
loony [ˈluːnɪ] adj sl verrückt.
loop [luːp] I s 1. Schlinge, Schleife f; 2. Windung f; Öse f; 3. med Spirale f; 4. aero Looping m; 5. radio Rahmenan-

Quelle: PONS Schülerwörterbuch Englisch, Klett

tenne f; 6. *EDV* Schleife f; II *tr* 1. in Schleifen legen; 2. winden (*around* um); ▶ ~ **the** ~ *aero* einen Looping machen; III *itr* 1. Schleifen bilden; 2. sich schlingen.
loop-hole ['lu:phəʊl] 1. Schießscharte f; 2. *fig* Ausweg m; ▶ **a** ~ **in the law** e-e Gesetzeslücke.
loose [lu:s] I *adj* 1. lose, frei, ungebunden; 2. *com* lose, unverpackt; 3. lose, locker; 4. (*Kleidung*) weit; 5. locker, aufgelockert; 6. (*Bedeutung*) ungenau; 7. (*Übersetzung*) frei; 8. (*Lebenswandel*) locker; ▶ **at a** ~ **end** ohne Beschäftigung; ~ **change** Kleingeld n; **have a** ~ **tongue** ein loses Mundwerk haben; II *adv* 1. frei, ungebunden, ungezwungen; 2. lose, locker; ▶ **break** ~ ausbrechen; **come** ~ (*Band, Knoten*) aufgehen; (*Knopf*) abgehen; **cut** ~ *tr, itr* (sich) losreißen; *itr*/losliegen, außer Rand u. Band geraten; **work** ~ (*Schraube*) sich lockern; III *tr* 1. los-, freilassen; lockern; 2. befreien; IV *s* ▶ **on the** ~ frei, ungebunden; übermütig; **be on the** ~ sich amüsieren; **loose connection** *el* Wackelkontakt m; **loose-leaf book** Ringbuch n; **loosely** ['lu:slɪ] *adv* locker, lose; ▶ ~ **speaking** grob gesagt; **loosen** ['lu:sn] I *tr* 1. befreien; 2. (*Zunge*) lösen; 3. losmachen; 4. lockern; II *itr* 1. frei werden, sich lösen; 2. sich lockern; ▶ ~ **up** *sport* Lockerungsübungen machen; *fig* lockerer werden.
loot [lu:t] I *s* Beute f; II *tr* plündern; **looting** [-ɪŋ] Plünderung f.
lop [lop] *tr* 1. (*Baum*) beschneiden, stutzen; 2. (~ *off*) abhacken.
lope [ləʊp] I *itr* 1. galoppieren, traben; 2. (in leichten Sprüngen) rennen; II *s* ▶ **at a** ~ im Galopp.
lop-sided [,lɒp'saɪdɪd] *adj* 1. einseitig, unsymmetrisch; schief; 2. *mar* mit Schlagseite.
lo-qua-cious [lə'kweɪʃəs] *adj* redselig.
lord [lɔ:d] I *s* 1. Herr m; Herrscher m (*of* über); 2. *Br* Lord m; ▶ (**Our**) **L~** der Herr (Jesus); **as drunk as a** ~ volltrunken; **the House of L~** das (brit.) Oberhaus; **the L~'s Prayer** das Vaterunser; **the L~'s Supper** das heilige Abendmahl; **L~ only knows** weiß der Himmel (*where* wo); II *tr* ▶ ~ **it** den Herrn spielen; **lordly** ['lɔ:dlɪ] *adj* 1. würdig, hoheitsvoll; 2. hochmütig, stolz, gebieterisch; **Lord Mayor** Oberbürgermeister m; **lord-ship** ['lɔ:dʃɪp] ▶ **Your, His L~** Eure, Seine Lordschaft; **Lords Spiritual, Lords Temporal** *pl* geistliche, weltliche Herren m *pl* (*im brit. Oberhaus*).
lore [lɔ:(r)] Lehre, Kunde f.
lorry ['lɒrɪ] *Br* Last(kraft)wagen, Lkw, Laster m; **lorry driver** Last(kraft)wagenfahrer(in), Lkw-Fahrer(in) m (f).

lose [lu:z] ⟨*irr* lost, lost⟩ I *tr* 1. verlieren; einbüßen; 2. sich entgehen lassen, nicht mitbekommen; 3. (*Gelegenheit*) versäumen; 4. (*Verfolger*) abschütteln; 5. (*Gelerntes*) vergessen; 6. (*Uhr*) nachgehen; 7. verschwenden, vergeuden; 8. bringen (*s.o. s.th.* jdn um etw), kosten (*s.o. s.th.* jdn etw); ▶ **be lost** verloren sein; verschwunden sein; **I'm lost** ich verstehe nichts mehr; **the child got lost** das Kind hatte sich verirrt; **get lost!** verschwinde! hau ab! – *o.s.* sich verirren; sich verlieren (*in* in); ~ **ground** den Boden unter den Füßen, den Halt verlieren; ~ **one's head** *fig* den Kopf verlieren; ~ **one's life** ums Leben kommen; ~ **one's temper** die Geduld verlieren; heftig werden; ~ **track of** ... jede Spur *gen* aus den Augen verlieren; sich verirren, sich verlaufen; II *itr* 1. verlieren; 2. (~ *out*) verlieren, unterliegen, *fam* den kürzeren ziehen (*to* gegen); *com* große Verluste erleiden (*on a deal* bei einem Geschäft); 3. (*Uhr*) nachgehen; **loser** ['lu:zə(r)] Verlierer(in) m (f); ▶ **come off a, the** ~ den kürzeren ziehen; **los-ing** ['lu:zɪŋ] *adj* 1. *com* unrentabel; verlustbringend; 2. (*Mannschaft*) Verlierer-; 3. *fig* aussichtslos; ▶ ~ **business** Verlustgeschäft n; ~ **game** aussichtsloses Spiel.
loss [lɒs] 1. Verlust m; 2. Einbuße f, Nachteil, Schaden, Ausfall m (*in* an); Schadensfall m; ▶ **at a** ~ in Verlegenheit (*for* um); *com* mit Verlust; **be at a** ~ **how to do s.th.** nicht wissen, wie man etw anfangen soll; **be at a** ~ **for s.th.** um etw verlegen sein; **be a dead** ~ nutzlos, unbrauchbar sein; **sell at a** ~ mit Verlust verkaufen; **suffer heavy ~es** schwere Verluste erleiden; **he is no great** ~ an ihm ist nicht viel verloren; ~ **of appetite** Appetitlosigkeit f; ~ **of blood** Blutverlust m; ~ **of confidence** Vertrauensschwund m; ~ **of earnings** Ertragsausfall m; ~ **on exchange** Wechselkursverlust m; ~ **by fire** Brandschaden m; ~ **of life** Verluste m *pl* an Menschenleben; ~ **of civil rights** Aberkennung f der bürgerlichen Ehrenrechte; ~ **of time** Zeitverlust m; ~ **of wages** Lohnausfall m; ~ **in weight** Gewichtsverlust m; **loss-leader** Lockartikel m; **loss-making** ['lɒsmeɪkɪŋ] *adj* (*Transaktion*) verlustbringend; (*Firma*) in den roten Zahlen stehend.
lost [lɒst] I *v s. lose*; II *adj* 1. verloren; (*Gewinn*) entgangen; 2. vergessen; 3. verirrt; 4. abhanden gekommen; in Verlust geraten; ▶ **be** ~ **upon s.o.** auf jdn keinen Eindruck machen; **be** ~ **in thought** in Gedanken versunken sein; ~ **cause** e-e aussichtslose Sache; **lost property** Fundsachen *pl*; **lost-property office** Fundbüro n.

Betriebsanleitungen

Betriebsanleitungen sind sehr nützliche Mitteilungen, die allerdings oft schwer zu verstehen sind.

Oft reicht es, wenn du Teile dem Sinn nach verstehst, andere musst du ganz wörtlich beachten, damit z. B. keine Schäden entstehen.

Beispiel

Du hast es sicher schon erkannt: Es geht um die richtige Handhabung einer Energiesparlampe:

AVOID INSTALLING BULB BY GRASPING THE GLASS BULB!

INCORRECT METHOD   CORRECT METHOD

YOU CAN ACCIDENTALLY CRACK OR DAMAGE THE GLASS BULB IF YOU HOLD THE BULB INCORRECTLY. MAKE SURE YOU ONLY HOLD THE PLASTIC BASE WHEN SCREWING THE BULB INTO THE SOCKET.

	Das könntest du als Lösung schreiben:
AVOID INSTALLING BULB BY GRASPING THE GLASS BULB!	Nachschlagen: avoid, grasp, bulb Hier rät man mir zu vermeiden, das Glas der Birne zu berühren, wenn ich sie einschraube.
INCORRECT METHOD	So ist es falsch.
CORRECT METHOD	So ist es richtig.
YOU CAN ACCIDENTALLY CRACK OR DAMAGE THE GLASS BULB IF YOU HOLD THE BULB INCORRECTLY.	Nachschlagen: accidentally, crack, damage Man weist darauf hin, dass das Glas versehentlich zerbrechen kann oder beschädigt wird, wenn ich die Birne nicht richtig halte.
MAKE SURE YOU ONLY HOLD THE PLASTIC BASE WHEN SCREWING THE BULB INTO THE SOCKET.	Nachschlagen: sure, base, screw, socket Ich soll die Birne unbedingt nur an ihrem Plastikfuß halten, wenn ich sie in die Fassung hineindrehe.

43

Kofferradios, Videorecorder, Walkmen, Discplayer – die Tasten und andere Elemente zur richtigen Bedienung sind bei allen sehr ähnlich. Deswegen solltest du sie kennen. Schau dir die Bedienungselemente des Doppel-Kassettendecks an und schreibe die deutsche Bedeutung auf. Ein Beispiel ist vorgegeben.

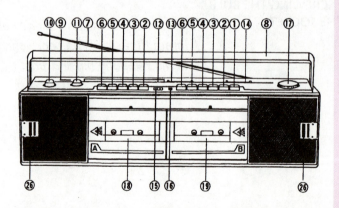

LOCATION OF PARTS AND CONTROLS

#	Part	Symbol
1	Record Key	(●) *Aufnahme-Taste*
2	Play Key	(>)
3	Rewind Key	(<<)
4	FF Key	(>>)
5	Stop / Eject Key	(■/V)
6	Pause Key	(II)
7	FM Telescopic Rod Antenna	
8	Handle	
9	FM Stereo Indicator	
10	Volume Control Knob	
11	Tone Control Knob	
12	Dial Pointer	
13	Power Mode	
14	Band Select Switch	
15	Tape Counter	
16	Reset Button	
17	Tuning Knob	
18	Play Deck A	
19	Rec / Play Dec B	
20	R.I.F. Switch	
21	Left Channel Speaker Jack	
22	Right Channel Speaker Jack	
23	Stereo Headphone Jack	
24	AC Power Input Socket	
25	Battery Compartment Lid	
26	Condenser Microphone	

44

Elektronische Geräte sind störanfällig, wenn sie nicht richtig behandelt werden. Deswegen sind jeder Betriebsanleitung auch Anweisungen beigefügt, die verhindern sollen, dass Defekte auftreten.
Es reicht, wenn du den Sinn der jeweiligen Anweisung wiedergibst, wortwörtliche Übersetzungen sind hier nicht gefordert.

	Precautions	Vorsichtsmaßnahmen
1	Do not place this unit on an excessive hot or a cold surface or near any heating source or high heat areas.	Das Gerät darf nicht extremer Hitze oder Kälte ausgesetzt werden.
2	Avoid using or storing the unit in dusty conditions or high humidity areas.	
3	Do not use benzine, thinner, or any solvents to clean the cabinet. Wipe off dust and stains with a soft cloth moistened with a mild cleansing agent only.	
4	Do not use oil or grease on any of the mechanical parts. The unit has been completely oiled and sealed at the factory and does not require any additional oiling.	
5	Do not plug or unplug the power cord with wet hands. Always hold the plug itself, not the cord.	

6. Disconnect the power cord plug from wall socket if it is not used for an extended period of time.

7. The REC button cannot be pressed when:
   1. There is no cassette tape in the cassette compartment.
   2. The tab on the cassette tape has been removed.

8. Before inserting cassette tape, take up the slack of the tape with a pencil, or similar object, to prevent it from becoming entangled.

9. Avoid touching surface of a cassette tape as any dirt or dust on your finger may cause contamination of the heads.

10. Clean the heads periodically, otherwise the reproduced sound may be distorted.

Auch dem 6-CD-Wechsler wurde eine englische Gebrauchsanweisung beigefügt. Schreibe auf, was wissenswert und zu beachten ist.

OPERATING INSTRUCTIONS

Thank you for purchasing this quality product. This item is for use with the 6-Disc Multi-play Type Compact Disc Player. It has the following features.

- Up to 6 compact discs can be loaded and played continuously in any desired order.
- A personal compact disc library can be made by using different magazines for favorite artists and genre.
- Once stored, the discs need not be removed and replaced when played, so there are no worries about scratches or dust.
- Six discs can be stored in less than half the space required by conventional disc cases.

HOW TO INSERT DISCS

(1) Pull out only one disc tray.
(2) Hold only with the label side down.
(3) Return the disc tray to its original position.
(4) Repeat steps (1) through (3) to insert other discs.

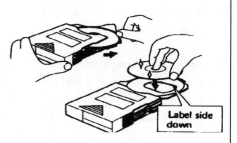
Label side down

NOTE

Be sure to remove the disc trays one at a time. If two or more are removed together, damage to the magazine may occur.

- Additional 6-Disc magazines may be purchased from your local authorized dealer.

DON'T **DON'T**

Operating Instructions	Gebrauchsanweisung
1 Thank you for purchasing this quality product. This item is for use with the 6-Disc Multi-play Type Compact Disc Player. It has the following features:	Nachschlagen: purchase, item, feature Man bedankt sich für den Kauf des Produkts, die Anleitung gilt für den 6-CD-Wechsler mit folgenden Merkmalen:
2 • Up to 6 compact discs can be loaded and played continuously in any desired order.	
3 • A personal compact disc library can be made by using different magazines for favorite artists and genre.	
4 • Once stored, the discs need not be removed and replaced when played, so there are no worries about scratches or dust.	
5 • Six discs can be stored in less than half the space required by conventional disc cases.	

Operating Instructions   *Gebrauchsanweisung*

6. How to insert discs

    (1) Pull out only one disc tray.

    (2) Hold only with the label side down.

    (3) Return the disc tray to its original position.

    (4) Repeat steps (1) through (3) to insert other discs.

    Label side down

7. Be sure to remove the disc trays one at a time. If two or more are removed together, damage to the magazine may occur.

8. • Additional 6-Disc magazines may be purchased from your local authorized dealer.

Penfriends

Die folgenden Briefe sind Antworten, welche deutsche Schülerinnen und Schüler von ihren amerikanischen Briefpartner/inne/n auf Fragen zu bestimmten Themen bekamen.

Lies zuerst den ganzen Brief durch, damit du das Thema erfassen kannst, danach ist es nützlich, die unbekannten Wörter nachzuschlagen.

Fasse den Inhalt des Schreibens kurz zusammen. Wenn du etwas nicht verstehst oder stecken bleibst: du findest Hilfe bei den Lösungen („Besonderheiten"/„Hinweise").

Dear Elke

During the week we have school Monday thru Friday. After school we do our homework and a lot of us are in school sports. We have Saturday and Sunday off of school. During the day we can go shopping in malls. Most of the movie theaters are inside the shopping malls. At night we go to parties or to dance places. In my free time during the week I play basketball and softball on a school team. On weekends in the winter I shop during the day and go dancing at night. During the summer I go camping and play summer sports.

These are just a few of the things we have to do here in the U.S. If you'd like to know more write me back. I'd be more then happy to hear from you and also learn more about Germany.

Kim Petrone

Der Brief von Kim an Elke

1	Thema:	Tagesablauf (Schule, Freizeit)
2	Besonderheiten dieses Briefs, Hinweise:	_thru_ (Zeile 3), American English – through, British English; favorite – favourite im British English, ebenso theater – theatre _then_ (drittletzte Zeile): Schreibfehler, muss than heißen; _softball_ (entspricht Baseball, mit weicherem Ball gespielt)
3	Folgende Wörter nachschlagen:	mall, movie theater
4	Zusammengefasster Inhalt:	Kim berichtet, dass sie von Montag bis Freitag Schule hat, der Samstag und Sonntag sind frei. Nach dem Unterricht machen sie Hausaufgaben, viele treiben noch Sport in der Schule. Zum Einkaufen gehen sie in die großen Einkaufszentren, in denen auch die meisten Kinos sind. Abends gehen sie auf Parties oder tanzen. In der Freizeit spielt sie in der Schulmannschaft Basketball und Softball, am Wochenende geht sie im Winter tagsüber einkaufen und abends zum Tanzen, im Sommer geht sie campen und treibt Sommer-Sportarten. Sie bietet an, ausführlicher zu schreiben, wenn Elke ihr zurückschreibt. Sie würde sich über eine Antwort sehr freuen und gerne mehr über Deutschland erfahren.

Dear Andrea,

I don't know what kinds of social groups are in Germany, but in America, there are all kinds of people. As you might know, in the 1800's blacks from Africa were taken out of their own cultures and brought to America to serve the whites. We even had an internal civil war from 1861–65 over the freedom of these blacks.

Now, all races are equal in the law, but many still have prejudices and stereotypes towards certain races. My own mother believes if we go around a black neighborhood, she will be mugged (attacked). Yet, she still has many black friends. I, personally, have no prejudices and like all people.

It is true there are more problems in big cities than small, but sometimes it is different. In big cities, black people or Hispanics all live in one certain part of the city, they live together. If someone comes into this neighborhood, the blacks and Hispanics wish they would leave. This is what my mother thinks, and sometimes it is true. But many are friendly and I like all people. There are not many problems in America anymore and rarely do any occur. Please write back soon.

Your American friend Jim Steele

Jim schreibt Andrea

(Orientiere dich am Beispiel auf Seite 78/79)

1	Thema:	
2	Besonderheiten dieses Briefs, Hinweise:	
3	Folgende Wörter nachschlagen:	
4	Zusammengefasster Inhalt:	

Dear Simone,

we have four times a day that you could be scheduled to eat. These times range in between 10:30 am – 2:05 pm. We have a good size cafeteria. You can choose from a variety of foods.

We can choose how many courses we would like to take.

But we must have a certain number of credits, after our four years to graduate.

We can also choose our subjects. I hope this is helpful to you in answering your questions!

Pauline Kaiser

A number of credits to graduate ...

Pauline schreibt an Simone

(Orientiere dich am Beispiel auf Seite 78/79)

1	Thema:	
2	Besonderheiten dieses Briefs, Hinweise:	*credits* sind Bescheinigungen („Scheine") über erfolgreiches Bestehen von Kursen
3	Folgende Wörter nachschlagen:	
4	Zusammengefasster Inhalt:	

Dear Ivonne,

During my spare time after school, after I finish my homework, I go out with my friends. My friends and I go to the movies, get together and gossip, we also like to swim. On weekends we like to go to parties with friends, go to the movies, etc.

As for money, I don't have a job, but I do babysit sometimes to get money. Sometimes my parents will give me money (if I haven't caused them any problems). I use my money for the same things you do.

P.S. Please write back!   Solee DeForest (16)

... get together, gossip and swim.

Solee schreibt an Ivonne
(Orientiere dich am Beispiel auf Seite 78/79)

1	Thema:	
2	Besonderheiten dieses Briefs, Hinweise:	the movies (AE) – the cinema (BE)
3	Folgende Wörter nachschlagen:	
4	Zusammengefasster Inhalt:	

Dear Simone,

Your schedule sounds very interesting! It's not too much different from mine! My day starts at 5:30 am every morning! I get up, take a shower, do may hair (which takes forever), and I'm off to catch my bus at 7:00 am.

My first class begins at 7:45 am which is Biology. Then I go to English, Health, Geometry, Lunch, Spanish, and Speech. My classes are over at 2:05 pm. But after school, at 3:30 pm., I go to softball practice, and I don't get home until 6:05 pm. I'm always busy doing something, and right now I'm out of time: Gotta go!

Write Back! I'm very interested in what yo do for fun!

Gina Cassaro

I do my hair ...

... which takes forever.

Gina schreibt an Simone
(Orientiere dich am Beispiel auf Seite 78/79)

1	Thema:	
2	Besonderheiten dieses Briefs, Hinweise:	*„Gotta Go!" bedeutet: „I've got to go!" Gina verwendet gern und oft das Ausrufungszeichen. In der Eile macht sie auch einige Rechtschreibfehler: Lunch statt lunch; Back statt back und yo statt you.*
3	Folgende Wörter nachschlagen:	
4	Zusammengefasster Inhalt:	

Dear Severine,

There are gangs in Chicago and around here in Addison. I remember when I was living in the West Side of Chicago, and there were many gangs.

I have been in 1 or 2 street fights all my life where weapons were involved.

The kids that are in gangs look hungry, sad, depressed, etc. It is probably their family and how they were brought up.

I try to stay out of fights when I can, but sometimes you just have to stand up for your rights and take your changes.

Harry Kronenberg

I try to stay out of fights when I can

Harry schreibt an Severine
(Orientiere dich am Beispiel auf Seite 78/79)

1	Thema:	
2	Besonderheiten dieses Briefs, Hinweise:	*Addison* ist ein Stadtteil von Chicago. Das letzte Wort soll sicher „chan*ces*" heißen.
3	Folgende Wörter nachschlagen:	
4	Zusammengefasster Inhalt:	

Dear Andrea,

Yes we still have racial problems in America. Most of the time the problems are not very difficult. People may make fun of (mock) people of different races. The problem is not as bad as it use to be because of civil rights. I try my best to get along with people of different races. The biggest problem is in the big cities because there are more people. There are certain housing projects for low-income people. These places are the worst for racial problems; people are shot sometimes.

                                        Steve Murray

Steve schreibt an Andrea
(Orientiere dich am Beispiel auf Seite 78/79)

1	Thema:	
2	Besonderheiten dieses Briefs, Hinweise:	<u>use</u> muss <u>used</u> heißen Die <u>civil rights</u> garantieren gleiche Rechte für alle Bürger.
3	Folgende Wörter nachschlagen:	
4	Zusammengefasster Inhalt:	

Geschafft!

Lösungen STEP 1

Aufgabe 1
a, b, c, d, e, f, g, h, i, j, k, l, m, n, o, p, q, r, s, t, u, v, w, x, y, z

Aufgabe 2
Arm, Guthaben, Kopf, links, Raum, spielend, Tee, Uhr, Wind, Zustand

Aufgabe 3/1
armchair, eye, father, head, mouse, pen, quickly, ship, uncle, zoo

Aufgabe 3/2
cold, group, house, island, joke, knife, music, present, quickly, room, sugar, use, voice, water, young

Aufgabe 4
face, feed, find
flower, food, fresh
funny

Aufgabe 5
1 rabbit, 2 ready, 3 ripe, 4 roof,
5 rubber

Aufgabe 6
1 advert, 2 agree, 3 answer, 4 army,
5 assistant, 6 attack, 7 aunt, 8 away

Aufgabe 7
1 many, 2 mean, 3 milk, 4 monkey,
5 much, 6 myself

Aufgabe 8
1 get, 2 ghost, 3 girlfriend, 4 glass,
5 gold, 6 grass, 7 guitar,
8 gymnasium

Aufgabe 9
1 model, 2 moment, 3 money,
4 moon, 5 morning, 6 most,
7 mother, 8 mouth, 9 move

Aufgabe 10
1 waiter, 2 want, 3 warm, 4 wash,
5 water, 6 wave, 7 wax, 8 way

Aufgabe 11
1 sea, 2 secretary, 3 seem, 4 sell,
5 separate, 6 serious, 7 settle,
8 several

Aufgabe 12
1 chain, 2 chair, 3 chalk, 4 chance,
5 change, 6 Channel

Aufgabe 13
1 imagine, 2 immigrant, 3 impatient,
4 impolite, 5 important, 6 impossible,
7 impression, 8 improve

Aufgabe 14
1 pence, 2 penguine, 3 penny,
4 people, 5 perfect, 6 perhaps,
7 period, 8 permission, 9 person,
10 petrol

Aufgabe 15
1 horse, 2 sail, 3 stony, 4 bone,
5 sunny, 6 peace

Aufgabe 16
1 ausdrucken, 2 ausdrücken,
3 ausfüllen, 4 Ausgang,
5 ausgerechnet, 6 ausgewählt,
7 Aushilfe, 8 aushöhlen

Weißt du es noch?
1a Anfangsbuchstaben
2a zweiten, dritten usw. Buchstaben
3a fünf Anfangsbuchstaben
3b sechsten Buchstaben

LÖSUNGEN STEP 2

Aufgabe 17
b) I failed – es gelang mir nicht
c) come to know –
   in Erfahrung bringen
   know how to do s.th. –
   etwas können
d) give s.b. a brush
   – jdm eine Abfuhr erteilen
   give s.th. a brush
   – etwas abbürsten
e) competition spirit – Kampfgeist
   unfair competition
   – unlauterer Wettbewerb
f) and how! – und wie!
   how are you? – wie geht es dir?
g) wind-pipe – Luftröhre
   windfall – Fallobst
h) be on the sides – Außenseiter sein
   side by side – nebeneinander
i) who can tell? – wer weiß?
j) adhesive tape – Klebestreifen
   tape up – zukleben

Aufgabe 18
1 headache, headband, head cook
2 snowball, snow-blind, snow chains
3 house agent, house arrest, houseboat
4 eye witness, eyestrain, eyesore
5 hopeless, hopefully, hopeful
6 quick-witted, quick-tempered, quickstep

Aufgabe 19

(Kreuzworträtsel)

Das gesuchte Wort aus den schraffierten Kästchen heißt **DICTIONARY**

Aufgabe 20

(Kreuzworträtsel)

Das Zeichen, welches das vorhergehende Stichwort ersetzt, heißt **TILDE**

Weißt du es noch?
1 Tilde
2 Platz zu sparen
3 Stichwort
4 unmittelbar vorhergehende

Aufgabe 21
1 Konjunktion
2 Infinitiv
3 Substantiv
4 Plural
5 past participle
6 Präposition
7 Verb

Aufgabe 22
1 knew, 2 known, 3 be, 4 been,
5 have, 6 had, 7 meet, 8 met, 9 fled,
10 fled, 11 swim, 12 swam,
13 think, 14 thought, 15 spent,
16 spent, 17 swept, 18 swept,
19 win, 20 won, 21 leave, 22 left,
23 became, 24 become, 25 cut,
26 cut, 27 blow, 28 blew

Aufgabe 23
1 Geographie, 2 jemanden,
3 Auto und Verkehr, 4 etwas,
5 Theater, 6 Tiermedizin, 7 auch,
8 seiner, 9 Sache, 10 siehe,
11 someone, 12 Adverb, 13 weiblich,
14 männlich, 15 something,
16 und so weiter, 17 oder,
18 Geschichte, 19 Medizin,
20 sächlich, 21 Politik, 22 reflexiv,
23 Singular, 24 umgangssprachlich,
25 Handel, 26 Partizip Präsens,
27 Sprichwort, 28 bildlich,
29 Tierkunde, 30 Astrologie
(Sterndeutung), 31 Sport,
32 Britisches Englisch

Aufgabe 24
1 Stichwort, 2 Lautschrift,
3 Abkürzungen, 4 Zusammenhang,
5 Tabellen, 6 unregelmäßiges Verb,
7 Liste der Lautschriftzeichen (XIII),
englisches Alphabet (XIII),
engl./amerikanische Abkürzungen,
Grafschaften mit Hauptstadt, Bundesstaaten/USA, Maße und Gewichte,
Zahlwörter, Bruchzahlen, Ordnungszahlen, Kurzgrammatik

Aufgabe 25
1 as sure as fate, 2 from/by memory,
3 be like a red rag to a bull,
4 he's a strange character,
5 to the best of my knowledge,
6 be all ears, 7 of one's own free will,
8 under lock and key,
9 now and then, 10 to shoot a film,
11 turn s.o. down, 12 clear-sighted,
13 building permit,
14 with all one's might,
15 brisk trade, 16 without a break

Aufgabe 26
1 Schnabel usw., 2 Rechnung, 3 Fall,
4 Behälter, 5 sterben, 6 Würfel, 7 fest,
8 Firma, 9 Flagge, 10 Steinplatte,
11 Schwertlilie, 12 dish, 13 court,
14 strap, 15 oar, 16 Dock, 17 stutzen,
18 Anklagebank, 19 roll, 20 part,
21 on, 22 one

Aufgabe 27
1 Substantiv, Verb, Adjektiv, Adverb
2 Substantiv, Verb
3 Substantiv, Adjektiv, Verb
4 Verb, Substantiv, Adjektiv
5 Adjektiv, Adverb
6 Adjektiv, Adverb

Aufgabe 28
1   1 Bruchstelle, 2 Lücke,
    3 Unterbrechung, 4 Absatz,
    5 Anbruch, 6 Wechsel
2   1 überzogen, 2 bedeckt,
    3 beschichtet, 4 belegt
3   1 kalt, 2 kühl, 3 eisig,
    4 besinnungslos, 5 frigid
4   1 Kälte, 2 Erkältung
5   1 tun, 2 machen, 3 durchnehmen,
    4 lösen, 5 richten, 6 drannehmen,
    7 vollenden, 8 besuchen, 9 fahren,
    10 passen, 11 spielen,
    12 übers Ohr hauen,
    13 bearbeiten, 14 kochen,
    15 ermüden

Weißt du es noch?
1 ▶ und ◆, 2 geschrieben,
3 gesprochen, 4 Homonyme,
5 hochgestellten, 6 römischen,
7 arabischen, 8 Bedeutungen

Lösungen STEP 3

Aufgabe 29
1 un-suc-cess-ful
2 dis-quali-fi-ca-tion, 3 voy-age
4 heart-break-ing, 5 ir-rep-ar-able,
6 Wed-nes-day, 7 ham-mer,
8 hap-pi-ness, 9 un-teach-able,
10 driv-ing

Aufgabe 30
1   falsch, tradition-alist,
    → tra-di-tion-al-ist
2   falsch, interna-tional,
    → in-ter-na-tion-al
3   richtig, prin-ci-pal
4   falsch, vil-lage, → vil-lage
5   falsch, immobil-ity,
    → im-mo-bil-ity
6   falsch, inter-est, → in-ter-est
7   richtig, pow-er-ful
8   falsch, terror-ist, → ter-ror-ist

Aufgabe 31
1 [ʌ], 2 [ɜː], 3 [ʌ], 4 [z], 5 [ai], 6 [ɒ],
7 [æ], 8 [eɪ], 9 [ɔɪ], 10 [ʃ], 11 [dʒ],
12 [əʊ], 13 [ʊ], 14 [ʌ]

Aufgabe 32
1 [ʊ], 2 [uː], 3 [ʌ], 4 [uː], 5 [uː], 6 [uː],
7 [ʊ], 8 [ʊ], 9 [ʌ], 10 [ʌ], 11 [ʊ], 12 [ʊ],
13 [ʌ], 14 [ʌ], 15 [ɜ], 16 [ɪ], 17 [aɪ],
18 [ɪ], 19 [iː], 20 [iː], 21 [iː], 22 [e],
23 [iː], 24 [ʌ], 25 [uː], 26 [ɒ],
27 [aʊ], 28 [əʊ], 29 [aʊ], 30 [əʊ],
31 [aʊ], 32 [eɪ], 33 [æ], 34 [ɪ],
35 [aɪ], 36 [e], 37 [iː], 38 [aː], 39 [eɪ],
40 [e], 41 [eə] oder [iə], 42 [ɪ], 43 [iː],
44 [ɑː]

Aufgabe 33
1 [ɑː], 2 [θ], 3 [juː], 4 [ə], 5 [eə], 6 [ŋ],
7 [s], 8 [aʊ], 9 [iə], 10 [ð], 11 [j],
12 [iː]

Aufgabe 34
1 bro**th**er, 2 ba**th**, 3 gla**ss**, 4 egg**s**,
5 a) bu**sh**, b) ma**ch**ine, 6 he**dg**e,
7 **y**awn, 8 a) d**ou**ble, b) j**u**mp,
9 s**a**ng, 10 b**a**r, 11 b**ea**r, 12 **a**bove,
13 f**a**ll, 14 t**e**n

Aufgabe 35
1 mark, 2 rather, 3 laugh, 4 car
5 but, 6 cupboard, 7 done, 8 flood
9 hand, 10 fan, 11 travel, 12 van
13 rare, 14 hair, 15 fair oder fare,
16 farewell
17 why, 18 ride, 19 iron, 20 side
21 how, 22 loud, 23 towel, 24 mouse
25 sail oder sale, 26 spray, 27 basin
28 said, 29 red oder read (past),
30 breath
31 ago, 32 breakfast, 33 theatre
34 girl, 35 murder, 36 earth

Aufgabe 36
1 need, 2 reading, 3 field
4 hit, 5 pretty, 6 muddy
7 dear, 8 near, 9 hear oder here
10 no oder know, 11 coat, 12 stone
13 more, 14 draw, 15 ball
16 dog, 17 hot, 18 modern
19 joy, 20 spoil, 21 destroy
22 roof, 23 blue oder blew, 24 pool,
25 root
26 fury, 27 tour, 28 sure, 29 cruel
30 good, 31 push, 32 pudding,
33 pull
34 three, 35 cloth, 36 cathedral
37 weather oder whether, 38 they,
39 clothe
40 salt, 41 pistol, 42 rice
43 rise, 44 wise, 45 heads
46 shop, 47 match, 48 lotion
49 pleasure, 50 garage, 51 job
52 long, 53 finger, 54 sing
55 young, 56 pure, 57 beauty
58 water, 59 quick, 60 twist
61 valley, 62 twelve, 63 love

Weißt du es noch?
1 Punkte, 2 Stichwörter,
3 eckigen Klammern, 4 Lautschrift,
5 stark, 6 schwächer, 7 kann,
8 verschieden

Lösungen STEP 4

Aufgabe 37/1
1 can't take a lot, 2 failed,
3 went far afield, 4 run out,
5 ran out of breath,
6 There's no school tomorrow

Aufgabe 37/2
1 to unhinge, 2 to put up,
3 to export, 4 to carry out,
5 to deliver, 6 to pass o.s. off as s.o.

Aufgabe 38/1
1. Die meisten Wolkenkratzer pfeifen aus dem letzten Loch.
2. Es ist nötig, dass man von ihm Abstand wahrt.
3. Sie sind weg. Nun kann ich in aller Ruhe fernsehen.
4. Sie war noch nie einem Polizisten begegnet, geschweige denn mit einem ausgegangen.

Aufgabe 38/2
1. a) Ich konnte ihr nicht sagen, wo die Zitronenpresse war.
   b) … a gadget to help you get out the liquid of a fruit, e.g. out of a lemon.
2. a) Er ging zur Gepäckaufbewahrung, um seinen Koffer zu holen.
   b) … a place in a railway station where you can leave your luggage for some time.
3. a) Sie bekamen das Geld von einem Geldverleiher.
   b) … someone who lends money to people.

4. a) Es gibt Familien mit wenig gemeinsamer Freizeit.
   b) … the time when you are not working and you can relax and do things that you enjoy doing.

Aufgabe 39
Nein, sie enthält Spargel**spitzen** *(tips).*

Aufgabe 40
1 … stellte nach …
2 einzementieren
3 … spielt in …
4 … veranlasste …
5 … abbinden …
6 … fest entschlossen …
7 … festgefahren in Gewohnheiten
8 … Gebiss …
9 … Satz Werkzeuge …
10 … brach an …
11 … ließ (er) sich nieder …
12 … sich niederlassen …
13 … sich selbständig machen …

Aufgabe 41
1 nearer, 2 to approach,
3 in more detail, 4 to go into,
5 get to know better, 6 step up,
7 get closer to s.o.,
8 immediate vicinity,
9 be nearer the mark

Aufgabe 42
1 … vernichtender Blick …
2 … mal ansehen …
3 … Ausdruck, Blick …
4 … sah aus wie …
5 … gefällt mir gar nicht …
6 … nach dem Aussehen …
7 … Alter ansehen …
8 … sieht aus nach …
9 Aufpassen! Achtung!
10 … geht nach …
11 Es geht bergauf.

Aufgabe 43
1 Aufnahme-Taste
2 Wiedergabe-Taste
3 schneller Rücklauf
4 schneller Vorlauf / fast forward
5 Stop-Taste / Kassetten-Auswurf
6 Pausen-Taste
7 Teleskop-Antenne
8 Tragegriff
9 FM-Stereo-Anzeige
10 Lautstärke-Regler
11 Klang-Regler
12 Skala-Anzeiger
13 Ein-/Ausschalter
14 Bandwahl-Schalter
15 Band-Zählwerk
16 Zählwerk-Rückstellung
17 Feinabstimmung
18 Wiedergabedeck A
19 Aufnahme/Wiedergabedeck B
20 R.I.F.-Schalter
21 Lautsprecherbuchse links
22 Lautsprecherbuchse rechts
23 Stereo-Kopfhörerbuchse
24 Netzanschlussbuchse
25 Batteriefach-Deckel
26 Kondensator-Mikrophon

Aufgabe 44
2 Der Betrieb oder das Lagern des Geräts ist unter staubigen Bedingungen oder bei hoher Feuchtigkeit zu vermeiden.
3 Reinigen Sie das Gerät nicht mit Benzin, Verdünnungsmittel oder anderen Lösungsmitteln. Staub und Flecken nur mit weichem Tuch und mildem Reiniger wegwischen.
4 Kein Öl oder Fett an mechanischen Teilen verwenden. Das Gerät wurde im Werk geölt und versiegelt, sodass nicht zusätzlich geölt werden muss.
5 Das Netzkabel nie mit feuchten Händen bedienen. Immer am Stecker anfassen, nicht am Kabel ziehen.
6 Netzstecker aus der Steckdose ziehen, wenn das Gerät längere Zeit außer Gebrauch ist.
7 Die Aufnahme-Taste kann nicht betätigt werden, wenn
   1. keine Kassette eingelegt oder
   2. diese gegen Überspielen geschützt ist.
8 Das Band vor dem Einlegen mit einem Bleistift o. Ä. spannen, damit es sich nicht verheddert.
9 Das Band nicht berühren; Staub oder Schmutz verunreinigen die Tonköpfe.
10 Reinigen Sie die Tonköpfe von Zeit zu Zeit, um Verzerrungen bei der Wiedergabe zu vermeiden.

Aufgabe 45

2 Es können bis zu 6 Compact Discs eingelegt und in beliebiger Reihenfolge abgespielt werden.
3 Legen Sie sich mit verschiedenen Magazinen eine eigene CD-Sammlung an, geordnet nach Ihren Lieblingskünstlern oder Musikgattungen.
4 Beim Abspielen bleiben die Discs im Magazin, sodass sie vor Kratzern und Staub geschützt sind.
5 Das Magazin hat Platz für 6 Discs und ist dabei nur halb so groß wie die üblichen.
6 Wie die CDs eingelegt werden:
(1) Nur ein Disc-Fach herausziehen
(2) Die Seite mit dem Etikett nach unten halten
(3) Disc-Fach in die ursprüngliche Stellung zurückschieben
(4) Zum Einlegen weiterer Discs Schritte 1 bis 3 wiederholen
Die Seite mit dem Etikett nach unten
7 Immer nur ein Disc-Fach öffnen, sonst kann das Magazin beschädigt werden.
8 6-Disc-Magazine sind beim örtlichen Fachhändler erhältlich.

Aufgabe 46

1 Rassenprobleme aus seiner Sicht
2 *Hispanics* sind Menschen spanischer Abstammung aus Mittel- und Südamerika, vor allem Mexikaner.
neighb**o**rhood – im BE: neighb**ou**rhood
3 racial – Rassen-; to serve – dienen; internal – im Innern; freedom – Freiheit; prejudice – Vorurteil; stereotype – Klischee(vorstellung); rare – selten; occur – passieren, geschehen
4 Jim weiß nicht, welche Rassen es in Deutschland gibt, in Amerika gibt es alle. Im 19. Jahrhundert sind die Schwarzen aus ihren Kulturkreisen in Afrika als Sklaven nach Amerika gebracht worden, von 1861–1865 hat es wegen der Freiheit dieser Schwarzen sogar einen Bürgerkrieg gegeben. Heute sind alle nach dem Gesetz gleich, aber viele hätten gegenüber bestimmten Rassen Vorurteile und Klischeevorstellungen. Seine eigene Mutter glaubt, sie werde überfallen, wenn sie durch ein Schwarzenviertel ginge. Dabei hat sie viele schwarze Freunde. Jim selbst hat keine Vorurteile und mag alle Menschen.
Es gibt in Großstädten wohl mehr Probleme als in kleinen, aber manchmal ist es anders. In Großstädten leben Schwarze oder Hispanics in einem bestimmten Stadtteil zusammen, wo sie keine Fremden mögen. Das ist die Auffassung seiner Mutter, die manchmal auch richtig ist, aber es sind viele auch freundlich, außerdem betont er noch einmal, dass er alle Menschen mag. In Amerika gibt es damit nicht mehr viele Probleme und selten tauchten welche auf. Zum Schluss bittet er um baldige Antwort.

Aufgabe 47
1. Aus dem Schulalltag
2. Pauline schreibt in einer Mischung aus Groß- und Kleinbuchstaben.
3. schedule – Plan; range – reichen; variety – Abwechslung; to graduate – Abschluss machen
4. Pauline berichtet, dass sie in ihrer recht großen Kantine zwischen 10.30 Uhr und 14.05 Uhr zu vier Zeiten zum Essen gehen kann. Die Anzahl der Unterrichtsfächer können sie frei wählen, allerdings brauchen sie nach vier Jahren Highschool eine bestimmte Zahl von Leistungsnachweisen für den erfolgreichen Abschluss.
Sie können auch auswählen, welche Fächer sie belegen wollen.
Sie schließt mit der Hoffnung, dass sie Simones Fragen hat beantworten können.

Aufgabe 48
1. Freizeit und Taschengeld
3. to gossip – miteinander reden, klatschen; as for … (money) – was (das Taschengeld) betrifft
4. Solee geht in ihrer Freizeit, nach der Schule und den Hausaufgaben mit ihren Freunden weg. Sie gehen ins Kino, treffen sich, um sich miteinander zu unterhalten, außerdem gehen sie gern schwimmen oder sie treffen sich bei Freunden zu Parties. Sie hat zwar keinen Job, geht aber ab und zu zum Babysitten, um etwas Geld zu verdienen. Sie schreibt, dass sie es für die gleichen Dinge ausgibt wie Ivonne und manchmal auch von ihren Eltern Geld bekommt, wenn sie ihnen keinen Ärger bereitet hat.

Aufgabe 49
1. Ihr Schultag
2. Health (Schulfach) – Gesundheitserziehung, Speech (Schulfach) – Sprechkunde
3. practice – Training; practise im BE
4. Gina schreibt, dass Simones Stundenplan interessant klingt und sich von ihrem nicht sehr unterscheidet.
Sie steht jeden Tag um 5.30 Uhr auf, duscht, macht ihre Haare, was eine Ewigkeit dauert, und nimmt den Bus um 7.00 Uhr. Die erste Stunde ist Biologie und beginnt um 7.45 Uhr, es schließen sich Englisch, Gesundheitserziehung, Geometrie, Spanisch und Sprechkunde an, dazwischen gibt es Mittagessen.
Ihr Unterricht endet um 14.05 Uhr, sie geht im Anschluss daran um 15.30 Uhr zum Softball-Training und kommt erst um 18.05 Uhr nach Hause. Sie hat immer etwas zu tun und im Augenblick ist sie knapp an Zeit, sie muss weggehen.
Sie möchte, dass Simone antwortet, um zu erfahren, was ihr Spaß macht.

Aufgabe 50
1. Jugendkriminalität
3. weapon – Waffe;
   to be involved – beteiligt sein
4. In Chicago und in Addison, berichtet Harry, gibt es Banden und er erinnert sich an die West Side von Chicago, wo er früher lebte. Dort gab es viele davon. Er selbst war bisher ein- oder zweimal in Straßenkämpfe verwickelt, bei denen auch Waffen benutzt wurden.
   Er fährt fort, dass die Kinder in den Banden hungrig, traurig und niedergeschlagen aussehen und er führt das auf ihre Familien und die Erziehung zurück.
   Nach Möglichkeit hält er sich aus Kämpfen heraus, aber manchmal, schreibt er, muss man für seine Rechte einstehen und das Risiko eingehen.

Aufgabe 51
1. Rassenprobleme in Amerika
2. *housing projects* sind Maßnahmen, um besseren Wohnraum zu schaffen.
   Steve schreibt ein wenig unzusammenhängend.
3. make fun of (mock) – sich lustig machen über
4. Steve bejaht, dass es immer noch Rassenprobleme in Amerika gibt, meist seien sie aber nicht schwerwiegend, denn die Leute machten sich über andere Rassen lustig. Wegen der Bürgerrechte sei das Problem nicht mehr so schlimm wie früher.
   Steve versucht alles, um mit Menschen verschiedener Rassen auszukommen. Wegen der größeren Zahl an Menschen sind die Schwierigkeiten in den Großstädten am größten. Für Menschen mit geringem Einkommen gibt es Wohnungsförderprogramme, denn dort ist es am schlimmsten, manchmal werden sogar Menschen erschossen.

Gute Noten in allen Sprachen

Englisch Lernjahre
Grammatik – Rechtschreibung – Wortschatz – Übungstests

Am Lehrplan orientierte Übungen zur Grammatik, Rechtschreibung und zum Wortschatz

Gumtau / Kurschatke
1. Lernjahr
144 Seiten inkl. Lösungen
ISBN 3-7863-0582-X

Gumtau / Kurschatke
2. Lernjahr
152 Seiten inkl. Lösungen
ISBN 3-7863-0583-8

Gumtau / Kurschatke
3. Lernjahr
144 Seiten inkl. Lösungen
ISBN 3-7863-0584-6

Firnkes / Kammerer
4. Lernjahr
176 Seiten inkl. Lösungen
ISBN 3-7863-0585-4

Alois Mayer

Französisch Lernjahre
Grammatik – Wortschatz – Rechtschreibung – Fehlerquellen

Transparente und verständliche sowie am Lehrplan orientierte Darstellung aller Themen

1. Lernjahr
128 Seiten inkl. Lösungen
ISBN 3-7863-0707-5

2. Lernjahr
154 Seiten inkl. Lösungen
ISBN 3-7863-0708-3

3. Lernjahr
128 Seiten inkl. Lösungen
ISBN 3-7863-0709-1

4. Lernjahr
159 Seiten inkl. Lösungen
ISBN 3-7863-0710-5

Über das MANZ Lernhilfen-Programm informiert Sie Ihr Buchhändler.

Gute Noten in allen Sprachen

Werner Kieweg

Tenses – Englische Zeitformen im Überblick

Erklärungen – Beispiele – Übungen

Ein hilfreicher Begleiter für die gesamte Schulzeit!

200 Seiten inkl. Lösungen
ISBN 3-7863-2036-5

Gerhard Fink

Tips – Tricks – Training Latein

Ein amüsanter und gut verständlicher Streifzug durch die Lernjahre 1 bis 3

Latein 1
Konjugation neu
ab 1. Lernjahr
96 Seiten inkl. Lösungen
ISBN 3-7863-0752-0

Latein 2
Deklinationen –
Adjektive – Pronomen
ab 2. Lernjahr
104 Seiten inkl. Lösungen
ISBN 3-7863-0745-8

Latein 3
AcI – NcI,
Gerundium – Gerundivum,
Partizipalkonstruktionen
ab 3. Lernjahr
69 Seiten inkl. Lösungen
ISBN 3-7863-0746-6

Über das MANZ Lernhilfen-Programm informiert Sie Ihr Buchhändler.